Krka
Vodice
benik
rapanj

Stari
Marina Trogir
Split   Omiš
Jesenice   Pisak   Vrulja
Bobovišća Sutivan   Povlja
Maslinica Supetar   Makarska
           Pučišća
Šolta Milna **Brač** Sumartin Podgora
         Bol
              Vroboska
     Hvar   Jelsa **Hvar**   **Halbinsel P**
Palmižana
         Stari Grad **Šćedro**
                    Raćišće   Orebić   Trstenik   Mali Ston
Vis   Ston
         Vela   **Korčula**   Žuljana Doli Slano
         Luka   Brna Kneža Korčula
              Grščica Prižba   Pomena   Šipanska Luka   Zaton
ka   Dubrovnik
var, Vis   Sudurad
                                                                Cavtat
              Lastovo ***Süddalmatien***
                      Küste bis Dubrovnik –
                      und die Inseln Korčula, Lastovo, Mljet

              Mljet

DELIUS KLASING

Peter Kleinoth

KROATIEN
KÜSTEN AUS DER LUFT

Mit Slowenien

Delius Klasing Verlag

Umschlagfotos: Rovinj – Altstadt und Hafen (vorn);
Cres – malerischer Hauptort der gleichnamigen Insel.
Ankerbucht Lupešćina an der Nordwestspitze von Kornat,
Šipanska Luka auf der Insel Šipan (hinten).

Die Deutsche Bibliothek – CIP-Einheitsaufnahme
Kleinoth, Peter:
Kroatien – Küsten aus der Luft: mit Slowenien / Peter Kleinoth.
[Kt.: Gabriele Engel]. – 1. Aufl. – Bielefeld: Delius Klasing, 1999
ISBN 3-7688- 1097-6

1. Auflage
ISBN 3-7688-1097-6
© 1999 Delius, Klasing & Co., Bielefeld

Fotos: Peter Kleinoth
Karten: Gabriele Engel
Gesamtherstellung: Kunst- und Werbedruck, Bad Oeynhausen
Printed in Germany 1999

Alle Rechte vorbehalten! Ohne ausdrückliche
Erlaubnis des Verlages darf das Werk, auch nicht
Teile daraus, weder reproduziert, übertragen
noch kopiert werden, wie z. B. manuell oder mit Hilfe elektroni-
scher und mechanischer Systeme einschließlich Fotokopieren,
Bandaufzeichnung und Datenspeicherung.

Delius Klasing Verlag, Siekerwall 21, 33602 Bielefeld
Tel. 0521/559-0, Fax 0521/559-113
e-mail: info@delius-klasing.de
http://www.delius-klasing.de

INHALT

Einleitung
7

Istrien und Kvarner
und die Inseln Krk, Rab, Cres, Lošinj
9

Norddalmatien
Inseln und Küstenland von Zadar bis Primošten
50

Die Kornaten
Inseln wie Sand am Meer
81

Mitteldalmatien
Von Trogir bis Makarska – und die Inseln
Brač, Hvar, Vis
97

Süddalmatien
Küste bis Dubrovnik – und die Inseln
Korčula, Lastovo, Mljet
116

Informationen und Hinweise
142

Register
144

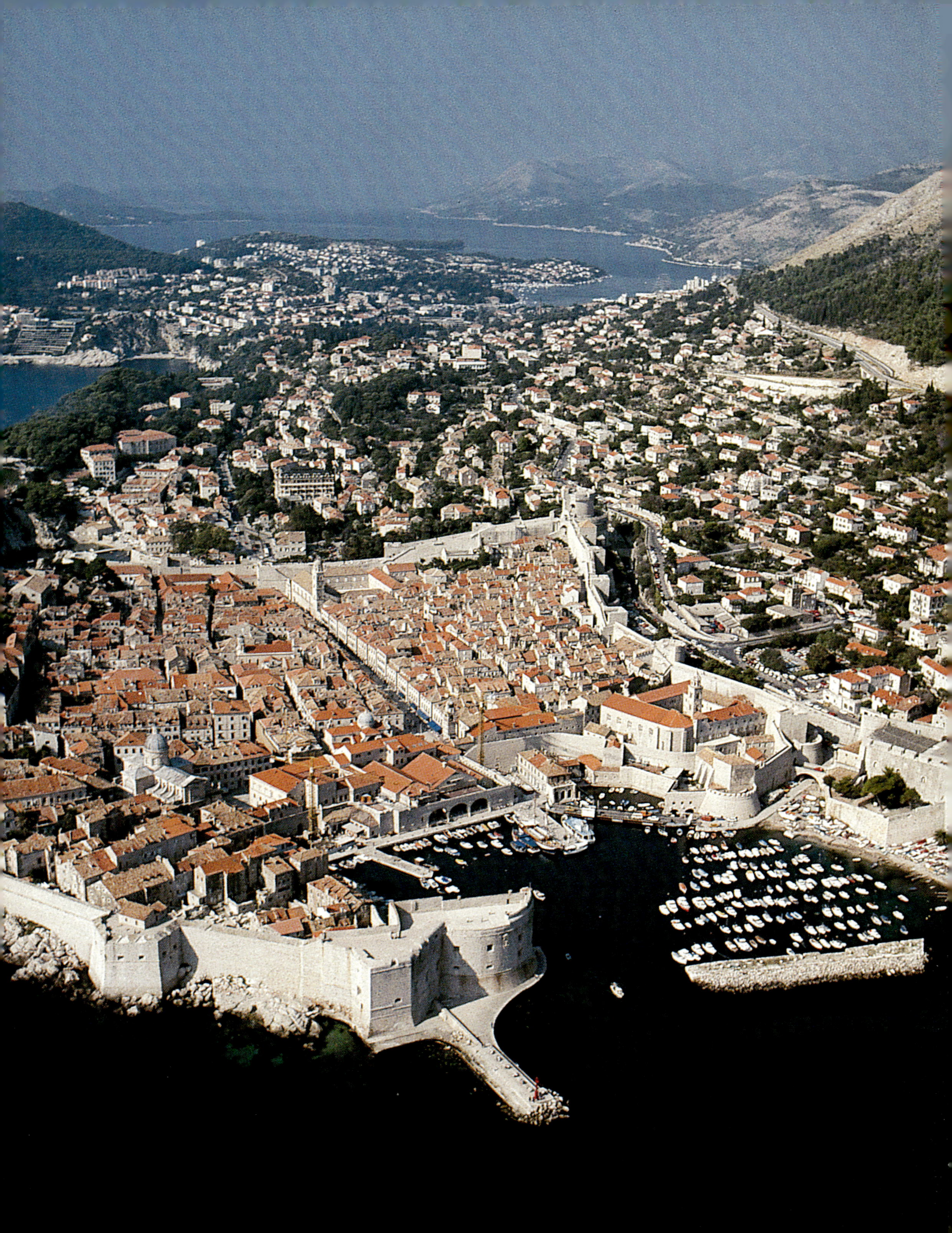

EINLEITUNG

Nichts ist im ehemaligen Jugoslawien mehr so wie vor dem Krieg. Die Grenzen haben sich verschoben, die Sozialistische Föderative Volksrepublik, die nach dem Zweiten Weltkrieg mehr als vier Jahrzehnte Bestand hatte und sich durch die Vielfalt der Nationen und Regionen auszeichnete, ist in mehrere unabhängige Staaten zerfallen. 22,4 Millionen Menschen lebten einst in den Grenzen des alten Jugoslawien, u. a. 8,1 Millionen Serben, 4,4 Millionen Kroaten und 1,8 Millionen Slowenen. Slowenien (Slovenija) und Kroatien (Hrvatska) sind seit 1991 zwei selbständige und unabhängige Staaten, die mit Parlamentsbeschluß am 25. Juni desselben Jahres ihre Unabhängigkeit erklärten.

Die Republik Slowenien, 20 256 km² groß, ist eine parlamentarische Demokratie mit Zwei-Kammer-System nach amerikanischem Vorbild. Hauptstadt ist Ljubljana mit 323 000 Einwohnern.

Die Republik Kroatien, 56 538 km² groß, ist eine parlamentarische Demokratie mit Mehrparteiensystem. Hauptstadt ist Zagreb, mit etwa einer Million Einwohner zugleich wirtschaftliches und kulturelles Zentrum. Die Sprache ist slowenisch und kroatisch, der Großteil der Bevölkerung in beiden Ländern römisch-katholisch. Die Adriaküste bildet die Seegrenze für die beiden Nachbarländer. Während das kleinere Land im Norden, Slowenien, nur über 46,7 Kilometer Küste verfügt (von der Bucht Jernejski zaliv, der slowenisch-italienischen Grenze, bis zur Mündung der Dragonja, der slowenisch-kroatischen Grenze), fällt der Löwenanteil von über 90 Prozent an den größeren Bruder im Süden.

Die kroatische Küste mißt bis zum Kap Oštri an der Westseite der Einfahrt in den Golf von Kotor 528 km in der Luftlinie, sonst sind es 1777 km mit den vielen Buchten und Einschnitten. Rechnet man jedoch alle Inseln, Klippen und Felseilande hinzu, kommt man auf fast 5800 km.

Kroatien ist mit 1185 Inseln und Inselchen, von denen nur 66 bewohnt sind, die am stärksten gegliederte Küste des Mittelmeeres. Es ist keine Übertreibung, wenn man vom „Land der 1000 Inseln" spricht.

Am bekanntesten sind die Kornaten, eine 125fache Ansammlung kahlköpfiger, weißer Felseilande, die wie Fettaugen auf dem Wasser zu schwimmen scheinen. Der Nationalpark Kornaten zählt zu den herausragenden Wundern der Natur. Hier findet man wirklich seine Trauminseln.

Slowenien ist mit 20 256 km² Ausdehnung ein kleines Land, das etwa der Größe Hessens entspricht, während Kroatien mit einer Fläche von 56 538 km² fast dreimal so groß ist. Beiden Ländern gleichermaßen eigen ist ihre abwechslungsreiche Landschaft, angefangen von unwegsamen Gebirgsgegenden, ausgedehnten Wäldern, Flüssen, Seen und Karsthochflächen bis hin zur Küste des Adriatischen Meeres. Der Gegensatz zwischen dem schmalen Küstensaum und dem Binnenland könnte nicht krasser sein. Hier mediterranes Klima, sonnenreich und mild, dort das kontinentale Innere mit wesentlich niedrigeren Temperaturen im Jahresdurchschnitt.

Sieben Prozent des Landes sind Naturschutzgebiet. Kroatien hat den Natur- und Umweltschutz in die Verfassung aufgenommen. Von den sieben Nationalparks, die bislang eingerichtet wurden, liegen vier im Küstengebiet. Neben den Kornaten sind es die Brioni-Inseln, die Krka-Wasserfälle und Mljet. Das Wasser ist so klar und sauber wie sonst nirgends am Mittelmeer.

Die adriatische Küste bietet auf engstem Raum eine Vielfalt, von der andere Länder nur träumen können. Und das nur wenige Autostunden von Deutschland, Österreich und der Schweiz entfernt. Das Tor zur Adria ist die 3500 km² große Halbinsel Istrien, die erst mit dem Ende des Zweiten Weltkrieges zum damaligen Jugoslawien kam. Vorher standen ihre hauptsächlich slowenischen und kroatischen Bewohner jahrhundertelang unter venezianischer und österreichischer Herrschaft. Der Fremdenverkehr konzentriert sich größtenteils auf dieses Gebiet.

Auch die Segler und Motorbootfahrer zieht es in großer Zahl nach Istrien. Doch die Adria ist nicht nur dort, sondern bis weit in den Süden ein Dorado für Sportschiffer mit rund 300 Häfen und insgesamt 45 modernen Marinas mit fast 15 000 Liegeplätzen, davon allein 15 – Kroatien und Slowenien zusammen – in Istrien. Weitere Bootshäfen sind geplant oder bereits im Bau, u. a. in Vrsar (Istrien). Hinzu kommt eine schier endlose Zahl von geschützten Ankerplätzen entlang der konturenreichen, von Einschnitten, Buchten und lauschigen Plätzen überhäuften Adriaküste, von Istrien über den Kvarner bis nach Norddalmatien (beginnend bei der Insel Pag), Mittel- und Süddalmatien. Es ist ein einzigartiges, von der Natur und dem Klima (als beste Reisezeit gelten die Monate zwischen April und Oktober) begünstigtes Land, nicht zuletzt dank der vorgelagerten, gestaffelt angeordneten Inseln, die wie eine Barriere wirken und die Küste gegen Wind und Wellen abschirmen.

Darüber hinaus trifft man vielerorts auf kulturhistorische Bauten und Kunstwerke von Weltgeltung, welche die wechselvolle Geschichte der beiden Länder widerspiegeln. Kroatien und Slowenien sind ein lohnendes Reiseziel.

◁ *Das mittelalterliche Dubrovnik*

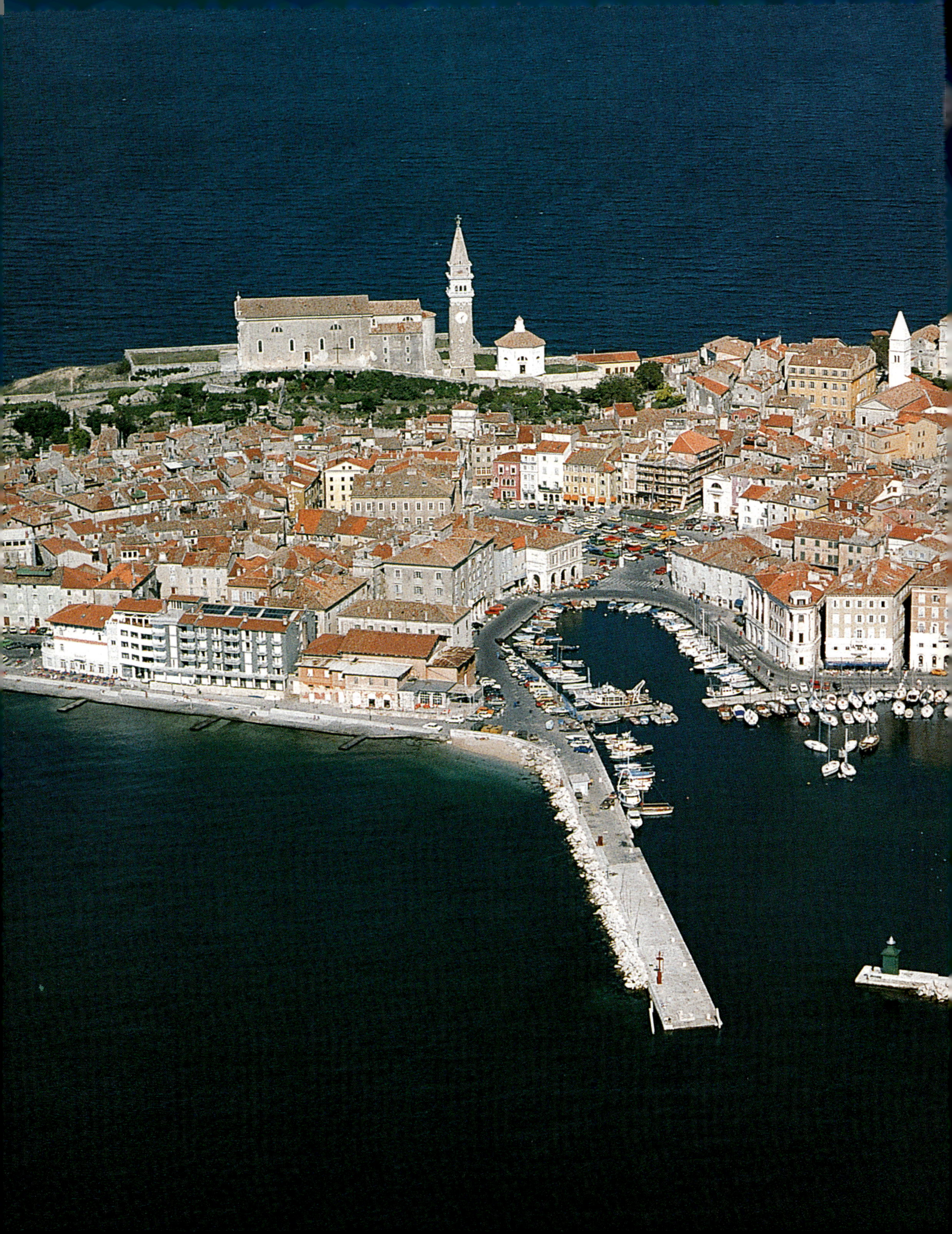

ISTRIEN UND KVARNER

UND DIE INSELN KRK, RAB, CRES, LOŠINJ

ISTRIEN UND KVARNER

Vorherige Doppelseite: Piran mit bunt ineinander verschachtelten Häusern, mittelalterlichen Palazzi und einem venezianischen Kirchturm.

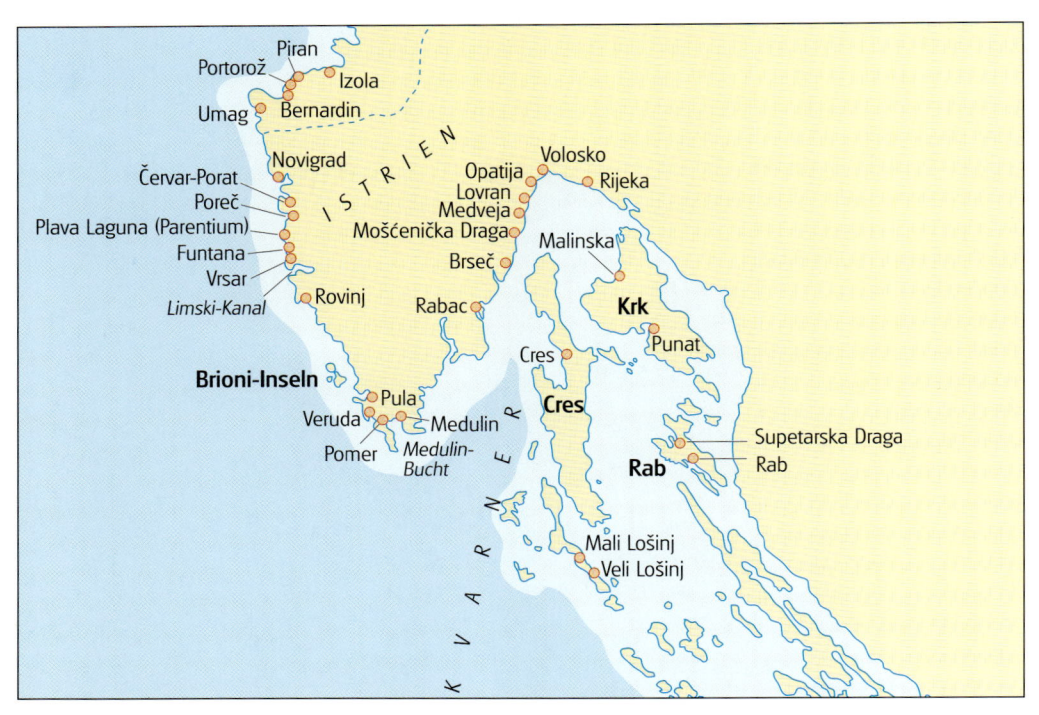

Die politischen Umwälzungen, die den Vielvölkerstaat Jugoslawien untergehen ließen, haben auch Istrien verändert. Jetzt gibt es eine zusätzliche Landesgrenze, nämlich die zwischen Slowenien und Kroatien mit den entsprechenden Formalitäten beim Grenzübertritt, auch für Yachtcrews. Die neue Grenze verläuft am südwestlichen Ufer des Golfs von Piran, wo sich weit die istrische Küste öffnet. An der Südostseite von Istrien die Kvarner-Bucht, die größte Einbuchtung an Kroatiens Küste, mit den Inseln Krk, Rab, Cres und Lošinj. Die Region, die geographisch zum nördlichen Adriaraum gehört, im Gegensatz zum südlichen dalmatinischen, zählt zu den größten Tourismusgebieten. Die kleinen Städte im venezianischen Baustil oder aber mit ihrem altösterreichischen Charme und dem mediterranen Flair, verbunden mit einer zauberhaften Landschaft, locken Besucher aus ganz Europa an, allen voran die deutschen. Eine Spitzenposition nimmt auch der Nautiktourismus ein, nirgendwo sonst findet man ein so dichtes Netz an Häfen und Marinas.

Auch wenn Slowenien – knapp halb so groß wie die Schweiz – nur einen kleinen Anteil an der Küste im Norden Istriens hat, bietet es den Wassersportlern doch unvergleichlich viel – allein drei supermoderne Marinas auf engem Raum in den Städten Koper, Izola und im Seebad Portorož. Nicht zu vergessen Piran, die am typischsten venezianisch geprägte Stadt mit ihrem malerischen alten Hafen. Koper, die Grenzstadt zu Italien, wird wegen Sloweniens einzigem Handelshafen auch das slowenische Fenster zur Welt genannt. Von 1278 bis 1779 gehörte Koper zur Republik Venedig. Die frühere ACI-Marina soll noch weiter ausgebaut werden.

Nur 3 sm entfernt liegt das alte Fischerstädtchen Izola, das auf eine reiche maritime Tradition zurückblicken kann. 1990/91 wurde mit dem Bau eines weitläufigen Sportboothafens mit 800 Liegeplätzen begonnen, der inzwischen fast vollständig fertiggestellt ist. Ein weiterer Ausbau soll bald folgen.

Die wichtigste Rolle für den Tourismus an der slowenischen Riviera spielt zweifelsohne der mittelalterliche Ort Piran, zu dem verwaltungsmäßig auch Portorož gehört. Der Fremdenverkehr hat hier eine mehr als hundertjährige Tradition. Portorož, der „Rosenhafen", bietet allerlei Sport- und Unterhaltungsmöglichkeiten und im hintersten Winkel der tiefen Bucht eine mit allem ausgestattete Marina, die 1979 mit den Geldern aus den Einnahmen des Spielcasinos des Seebades errichtet wurde. Neuerdings findet alljährlich im Mai eine Bootsausstellung, die „Internautica", statt.

Mit Umag, einem 3000-Einwohner-Ort mit altem Stadtkern, erreicht man kroatisches Territorium. In der weiten Bucht nördlich des Kommunalhafens hat der ACI, der sich heute Adriatic Croatia International Club nennt, eine seiner ersten Marinas eingerichtet. Sie wurde in den folgenden Jahren zu einer sogenannten Schwerpunktmarina mit 550 Liegeplätzen ausgebaut. Die ACI-Kette mit 21 hervorragend eingerichteten Sportboothäfen, die insgesamt

7000 Liegeplätze im Wasser offerieren, reicht vom äußersten Norden bis weit in den Süden nach Dubrovnik.

Die ACI-Marinas sind in Istrien neben Umag auf die Orte Rovinj, Pula, Pomer und Opatija verteilt sowie im Kvarner-Golf auf Cres, Supetarska Draga und Rab.

Die Hochburg des Tourismus in Istrien ist Rovinj, ein romantischer, vielleicht der schönste Ort, am überzeugendsten italienisch-mediterran geprägt. Das Saint-Tropez Istriens, dem 14 Inseln vorgelagert sind, verfügt über die schönsten Strände und hervorragende Ankerplätze.

Neben Rovinj gibt es noch eine ganze Reihe Küstenorte, die im Tourismus, auch im nautischen, eine wichtige Rolle spielen. So zum Beispiel Novigrad mit seinem alten Stadthafen, der zu einer Marina umfunktioniert wurde, die Ferienanlage Cervar-Porat mit einem Hauch Port Grimaud, Parentium (Plava Laguna) an einer Lagune

Malerisch schön erhebt sich das alte venezianische Hafenstädtchen Piran auf einer langgestreckten Halbinsel. Der Glockenturm der Georgskirche oben auf dem Hügel ist eine gelungene Kopie des Kampanile auf dem Markusplatz in Venedig.

Sloweniens „Fenster zur Welt": Koper, Grenz- und Hafenstadt. Die ehemalige ACI-Marina (großes Foto, oben) soll noch erweitert werden.

Eine Marina der Superlative – das ist Portorož, der „Rosenhafen", tief im Golf von Piran (links oben). Er ist der größte und älteste Sportboothafen Istriens.

Neue Marina mit 800 Liegeplätzen: Izola im Zentrum der slowenischen Küste (links unten). Das alte Fischerstädtchen kann auf eine reiche maritime Tradition zurückblicken.

gelegen, und Poreč, das ehemalige Colonia Julia Parentium.

Auf dem Weg weiter nach Süden passiert man die wohl bekannteste Inselgruppe, den Brioni-Archipel. Die 14 Eilande dienten Staatspräsident Tito bis zu seinem Tod 1980 als Sommersitz.

Das Wirtschafts- und Verkehrszentrum Istriens ist Pula an der Südspitze mit großen Hafenanlagen; gewaltig das alles überragende Amphitheater, 79 n. Chr. von den Römern erbaut. Auf der anderen Seite der Stadt in der Bucht Veruda wie ein langer Schlauch die Marina gleichen Namens und nach Passieren der Porer-Durchfahrt die Medulin-Bucht mit neun Inseln und Inselchen und der ACI-Marina Pomer. An der Ostküste Istriens ist die Landschaft noch gewaltiger, steigt die Gebirgskulisse auf 1396 m (Berg Učka) an. Tief unten am Wasser breitet sich Opatija, der aus der österreichischen Kaiserzeit stammende und bekannteste Kurort Istriens, aus, der damals Abbazia hieß. Hier hat der ACI seine Kommandozentrale eingerichtet und auch gleich – in Ičići – eine glanzvolle Marina.

Der Kvarner, den es nun in südlicher Richtung zu überqueren gilt, ist das Hauptfahrwasser nach Rijeka und zugleich ein gefürchtetes Starkwindgebiet. Die Bora kann hier Orkanstärke erreichen. Wenn sich Wolken über den Bergen östlich von Rijeka zeigen, muß mit einem Boraeinfall gerechnet werden. Schirokko erfolgt meistens bei starker Wolkenbildung über den Bergen von Istrien und Cres. Die Insel, 66 km lang, aber nur zwischen 2 und 12 km breit, dringt tief in die Kvarner-Bucht ein. Von der Insel Lošinj ist sie nur durch den schmalen Kanal von Osor geteilt, den eine Drehbrücke überspannt. Beide Inseln zeichnen sich durch mildes Klima und eine üppige Vegetation aus. Die Hauptorte Cres und Mali Lošinj, zwei malerische Städtchen, sind Zentren der Sportschiffahrt. Weitere bedeutende nautische Center sind Punat auf Krk, der größten kroatischen Insel, und Rab, die Insel mit den meisten Besuchern.

Erheblich erweitert und modernisiert: ACI-Marina Umag, die als sogenannte Schwerpunktmarina ausgewiesen ist (links oben).

Ein Hauch Port Grimaud: Marina Červar-Porat, eingebettet in eine große Ferienanlage (rechts oben). In der Bucht kann auch geankert werden.

Früher ein alter Fischerhafen, heute ein Sportboothafen: Novigrad, vom historischen Stadtzentrum umschlossen, mit viel Atmosphäre (unten).

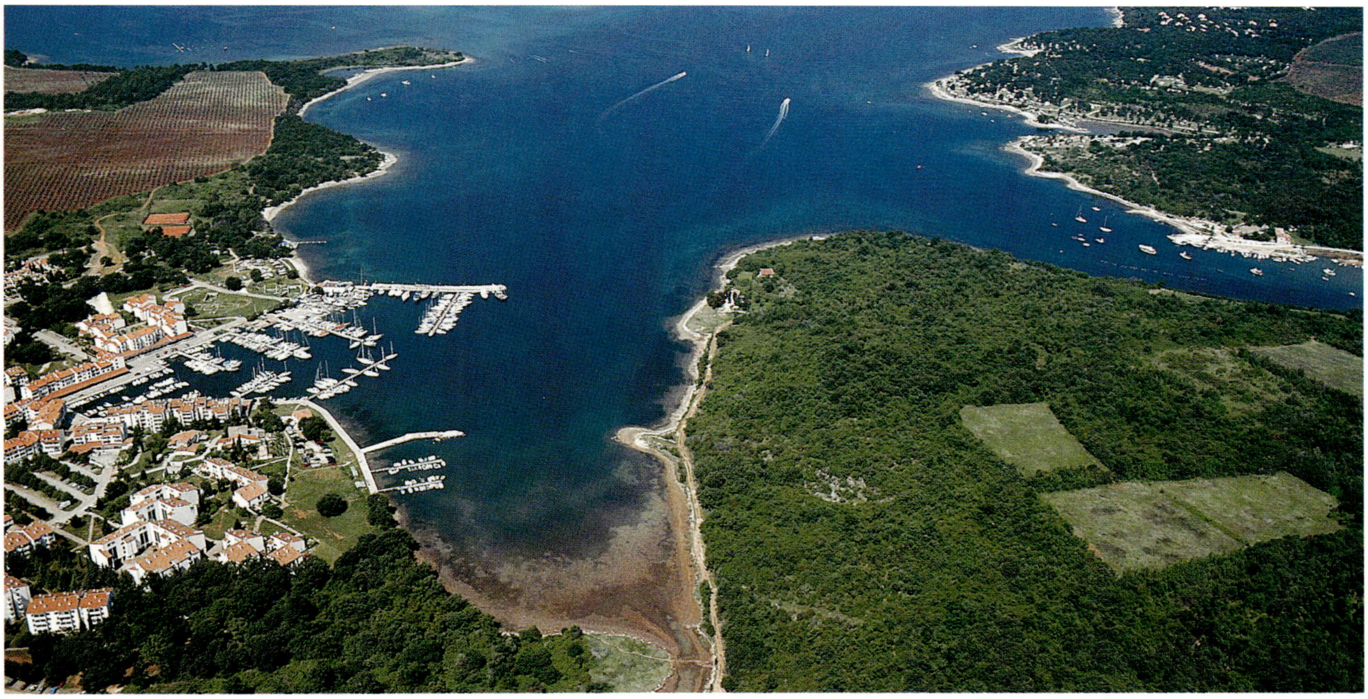

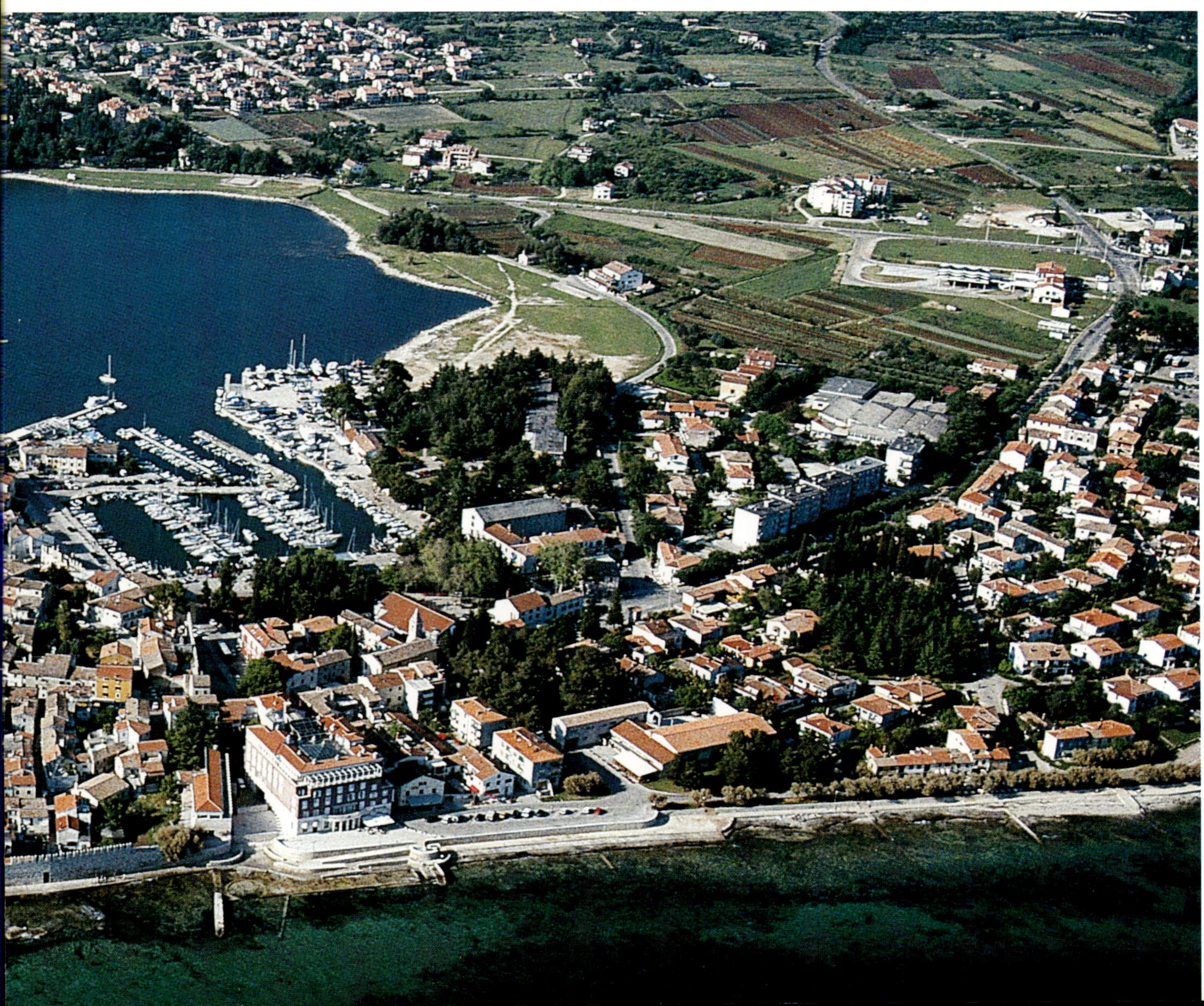

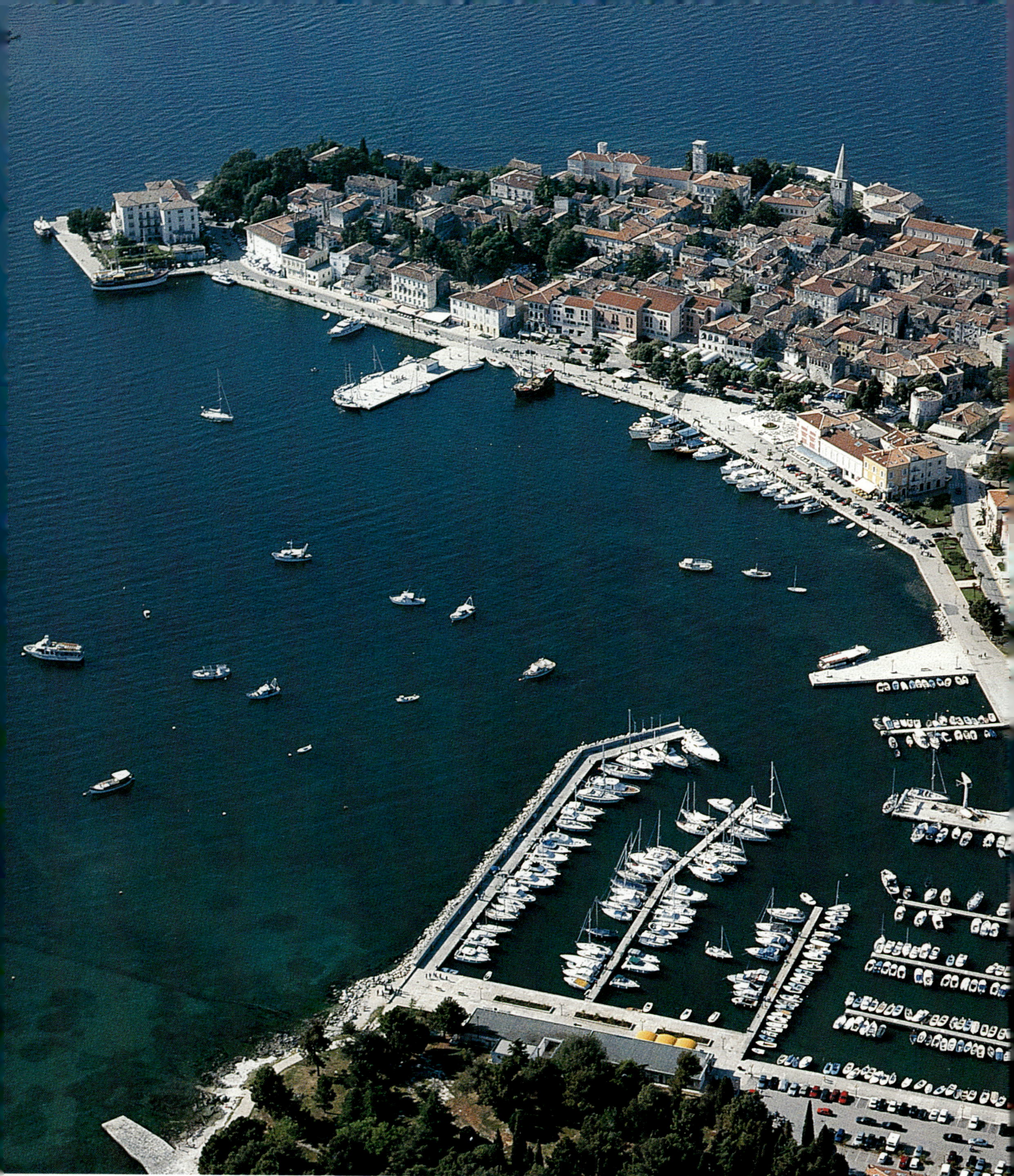

Eine der Perlen Istriens: Poreč mit einer modernen Marina (großes Foto und oben). Der Fremdenverkehrsort mit seinen zahlreichen Badestränden, Unterhaltungsmöglichkeiten und Sehenswürdigkeiten zählt zu den bedeutendsten Urlaubszentren.

Hafenstädtchen mit langer Geschichte: Novigrad, von den Römern Emonia, den Venezianern Cittanova genannt (unten). Früher wurde hier Holz in alle Welt verschifft. Novigrad ist ein sehenswerter Ort mit schmalen Gassen und alten Häusern.

Kleiner Hafen in einer großen Bucht: Vrsar ist ein rustikaler Ferienort an einer vom Tourismus beherrschten Küste (oben links und rechts). Auf dem Kai wurden Boxen mit Strom und Wasser für die Sportschiffahrt installiert. Eine Marina mit 300 Liegeplätzen soll in den nächsten Jahren am östlichen Hafenufer vor dem Campingplatz Montraker entstehen. Hier hatten die Bischöfe von Vrsar früher ihre Sommerresidenz. Aus den naheliegenden Steinbrüchen kamen die Bausteine für die Kirchen und Paläste Venedigs und Ravennas.
Im Schutz einer Halbinsel, wie in einem Binnensee: Marina Parentium in der Plava Laguna, Blaue Lagune (unten). Zwischen Vrsar und Rovinj: Der Limski-Kanal, auch Limfjord genannt, mit einem Bootshafen am Eingang (rechts unten). Der Kanal dringt 9 km in das Land ein. Zum Schutz von Fauna und Flora ist er für den privaten Bootsverkehr gesperrt.

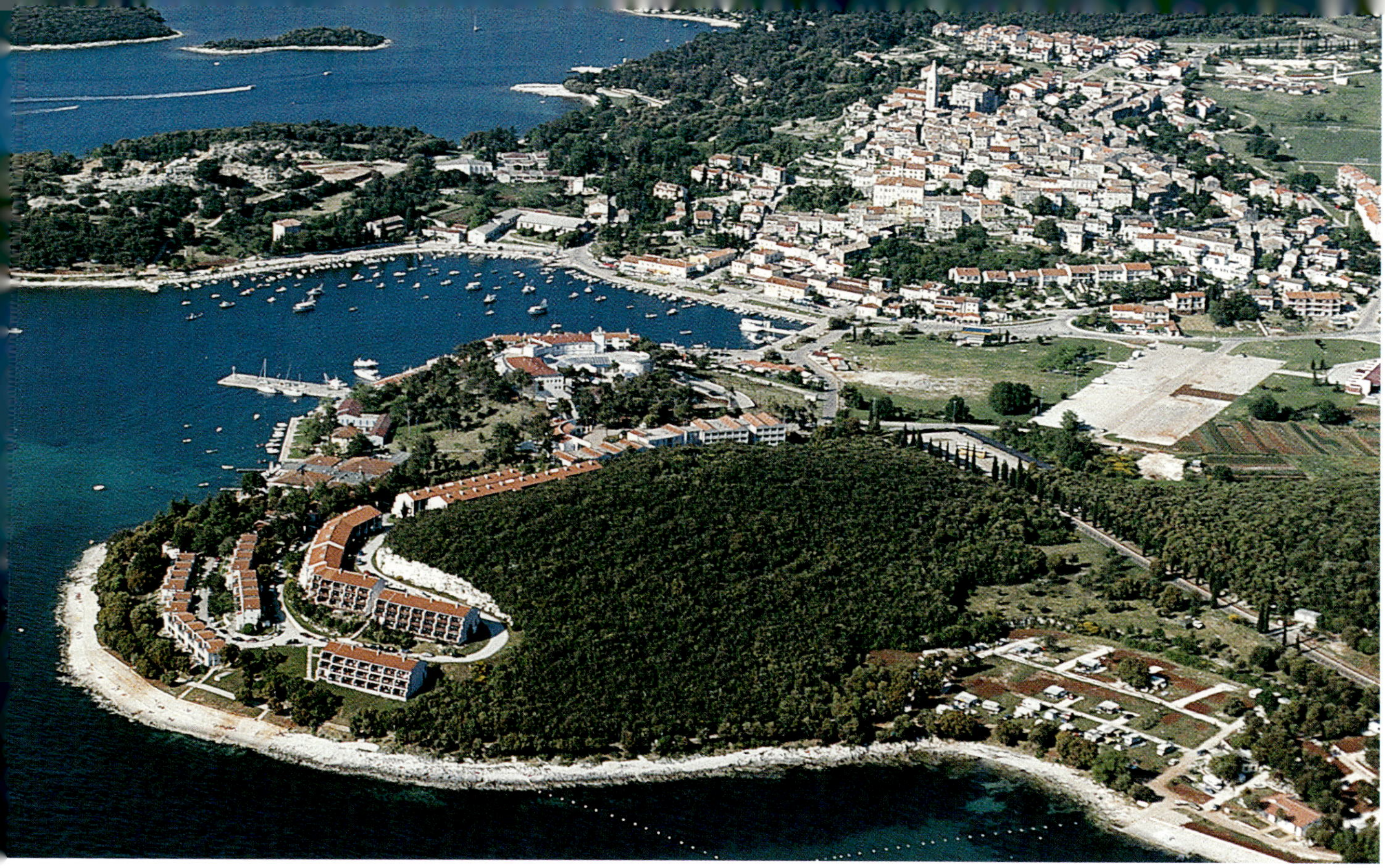

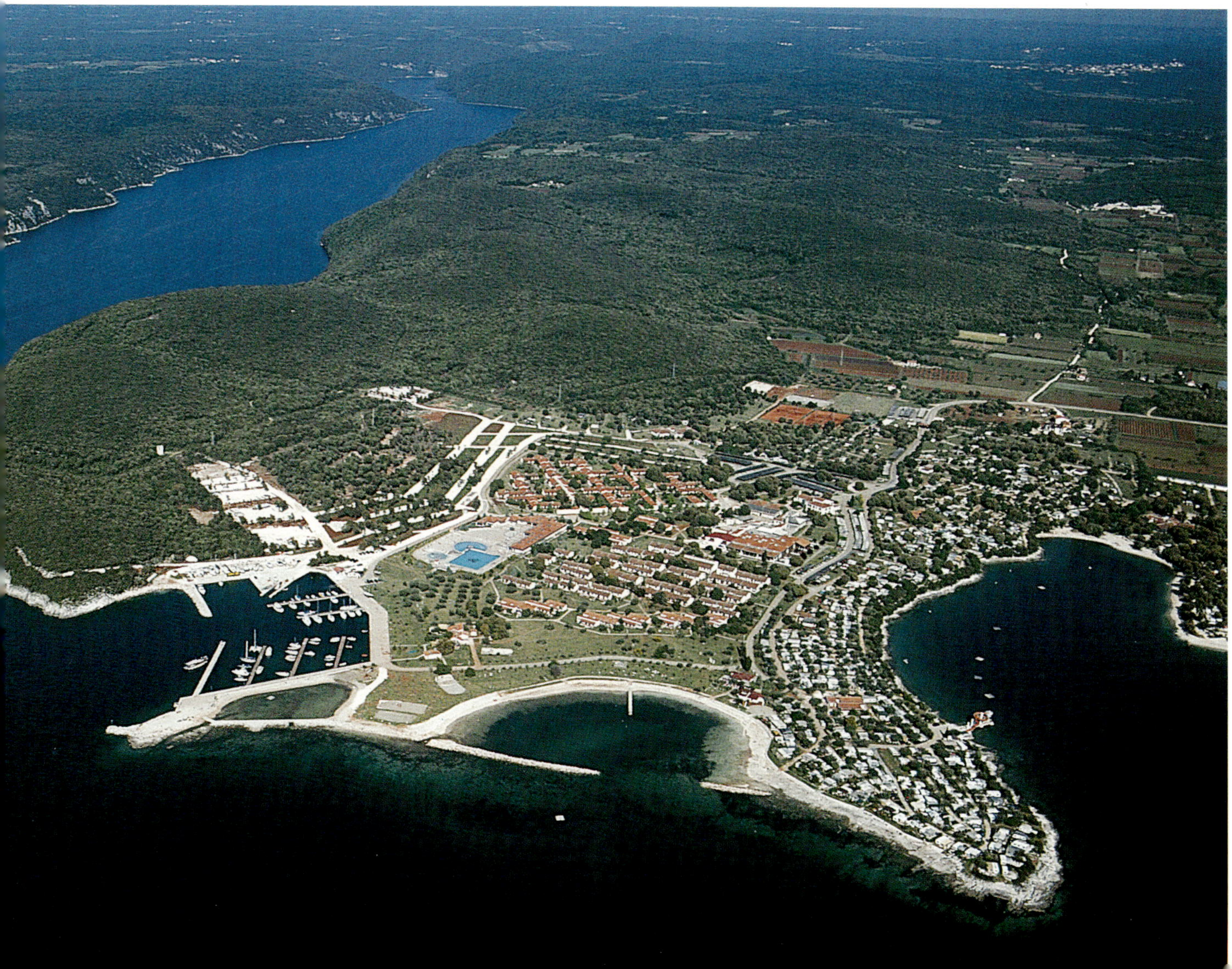

Verschachtelte Häuser mit ziegelroten Dächern eng zusammengepfercht wie seit Hunderten von Jahren. Eine große Hafenbucht, vor die sich schützend ein grünes Eiland gelegt hat. Stege und Kais vollgestopft mit Booten – so präsentiert sich Rovinj, das Saint-Tropez Kroatiens. Im Sommer geben sich Besucher aus aller Welt ein Stelldichein. Rovinj ist der italienischste aller Küstenorte, der sein Aussehen fast unverändert erhalten hat. Unter der Herrschaft Österreichs entwickelte sich Rovinj zur größten Hafenstadt Istriens, bis Pula der Rivalin den Rang ablief. Doch den Ruf, die Schönste zu sein, konnte ihr niemand streitig machen.

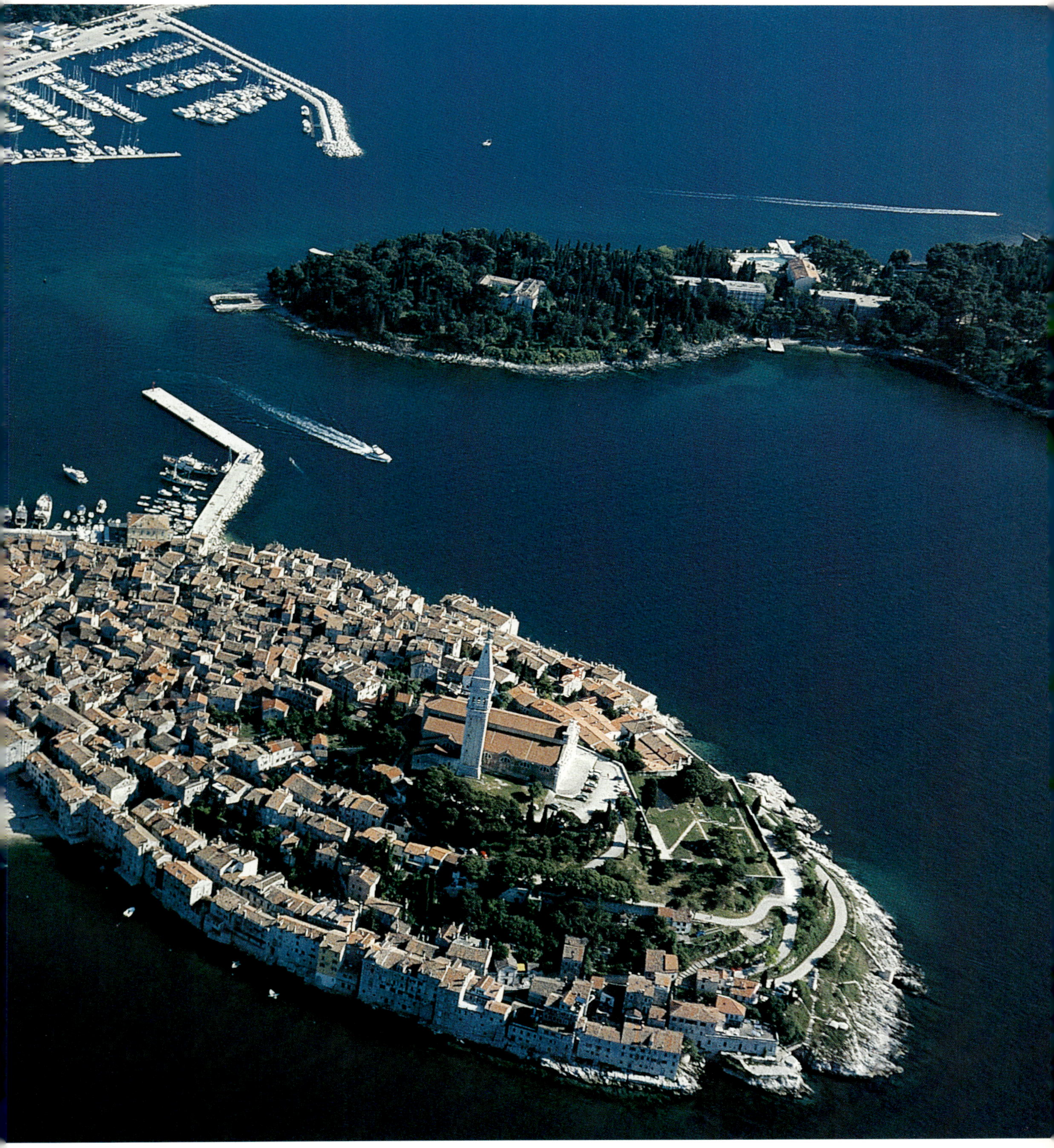

Das alte Rovinj war einst eine Insel, die später mit dem Festland zusammengewachsen ist. Die Stadt ist von See her leicht an der hoch aufragenden St. Euphemia-Kathedrale mit dem 60 m hohen Kampanile auszumachen (oben).

Steinerner Wächter vor der Küste bei Rovinj, der bis 24 sm Entfernung den Kurs weist: Leuchtturm Sveti Ivan na Pučini, ein achteckiger Turm neben einem einstöckigen Wärterhäuschen auf einem Felseninselchen (rechts).

ACI-Marina Rovinj ca. 500 m südöstlich der Altstadt (oben): Der Hafen wird in der Urlaubssaison von vielen Yachten angelaufen und erhielt einen zusätzlichen Schwimmsteg. Er verfügt jetzt über 380 Liegeplätze.

Ein beliebter Ankerplatz: Sv. Andrija mit Hotel und einem kleinen Hafen vor Rovinj (links). Crveni Otok, die „Rote Insel", gehört zu einer ganzen Inselkette, die sich der anstürmenden See vor der Küste abwehrend in den Weg stellt.

Am südlichsten Punkt Istriens in einer tiefen Bucht vor der Stadtsilhouette von Pula: Marina Veruda mit 630 Liegeplätzen für Schiffe bis 25 m Länge (links oben). Eine Erweiterung des Hafens ist seit langem geplant.

Vor Winden und Seegang aus allen Richtungen geschützt: ACI-Marina Pomer (links unten) im nordwestlichen Teil der Medulin-Bucht (Medulinski Zaljev).

Vom mächtigen Amphitheater (rechts) überragt, das im Sommer eine stimmungsvolle Kulisse für Opernaufführungen abgibt: Der Hafen von Pula (oben) mit der ACI-Marina, deren runder Verwaltungsbau als „kleine Arena" bezeichnet wird. Pula war einst eine bedeutende Römerstadt und zu Zeiten der k. und k.- Monarchie Zentralhafen der Flotte.

Hotel Admiral mit Hafen in Opatija (oben): In der Marina Admiral haben 180 Yachten bis 20 m Länge Platz.

Urlaubsort mit kleinem Hafen südwestlich von Opatija am Rijeka-Golf: Mošćenička Draga (rechts). Ansteuerung und Aufenthalt nur bei ruhigem Wetter.

Leuchtfeuer auf einer Klippe mitten im Kvarner-Golf (links): Galiola (Galijola), ein achteckiger Turm, 19 m hoch, der im Balkankrieg bombardiert wurde, ohne jedoch Schaden zu nehmen.

Das Glanzstück im ACI-System: Marina Opatija im Ortsbereich von Ičići (oben). Der luxuriös ausgestattete Hafen verfügt über 360 Liegeplätze für Yachten bis 30 m Länge und alle Serviceeinrichtungen.

In der Lagune Puntarska Draga der Insel Krk nahe der Ortschaft Punat die Marina Punat (großes Foto und oben). Sie ist die älteste Marina Kroatiens und eine der größten mit allen Serviceeinrichtungen. Das Fahrwasser, das in die Riesenbucht führt, ist betonnt. Mitten in der Lagune die Insel Košljun mit einem sehenswerten Franziskanerkloster. Klein und nur in den Sommermonaten in Betrieb: Marina Klimno, ein Ableger der Marina Punat, im Nordteil der Insel Krk (unten).

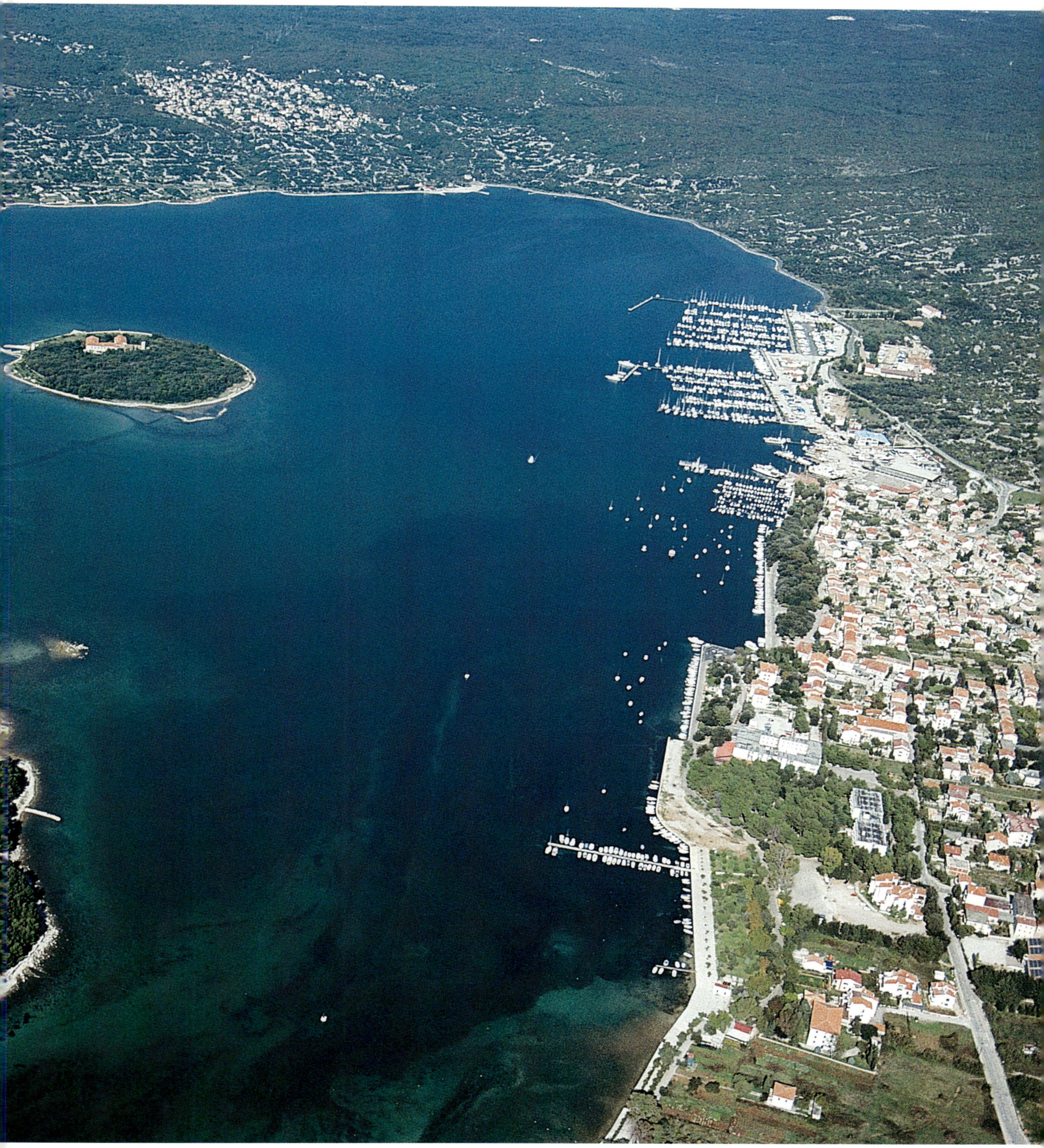

Zentrum und Hauptort der „goldenen Insel" Krk: Die Stadt Krk mit alten Häusern, engen Gassen, einem imposanten Kastell und mittelalterlichen Festungsmauern. Der Hafen bietet Schutz bei jedem Wetter und ausreichend Liegemöglichkeiten.

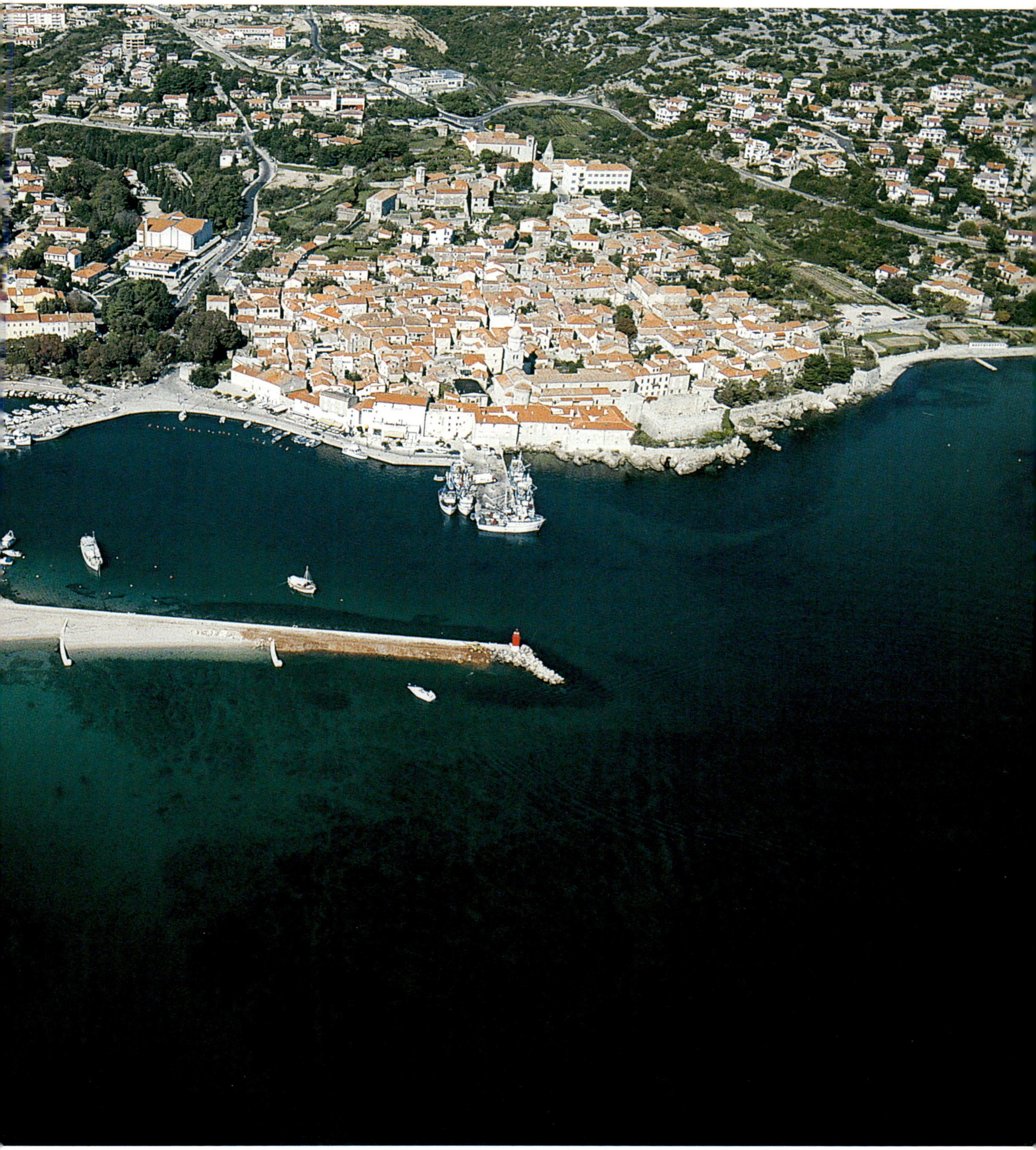

Omišalj, Hafenort an der Nordküste der Insel Krk (oben). In der Nähe findet man zahlreiche Badebuchten.

Malinska, Hafen und bedeutendstes Seebad an der Westküste von Krk (unten). Der Küstenort ist in eine üppige Vegetation eingebettet und bekannt für guten Wein.

Vrbnik auf der Insel Krk mit kleinem Hafen. Der Ort erhebt sich malerisch hingebettet auf einem Felsvorsprung (rechts). Sehenswert sind die mittelalterliche Stadtmauer und die verschachtelt angeordneten Häuser. Die Stadt ist für Maler aus aller Welt ein begehrtes Motiv.

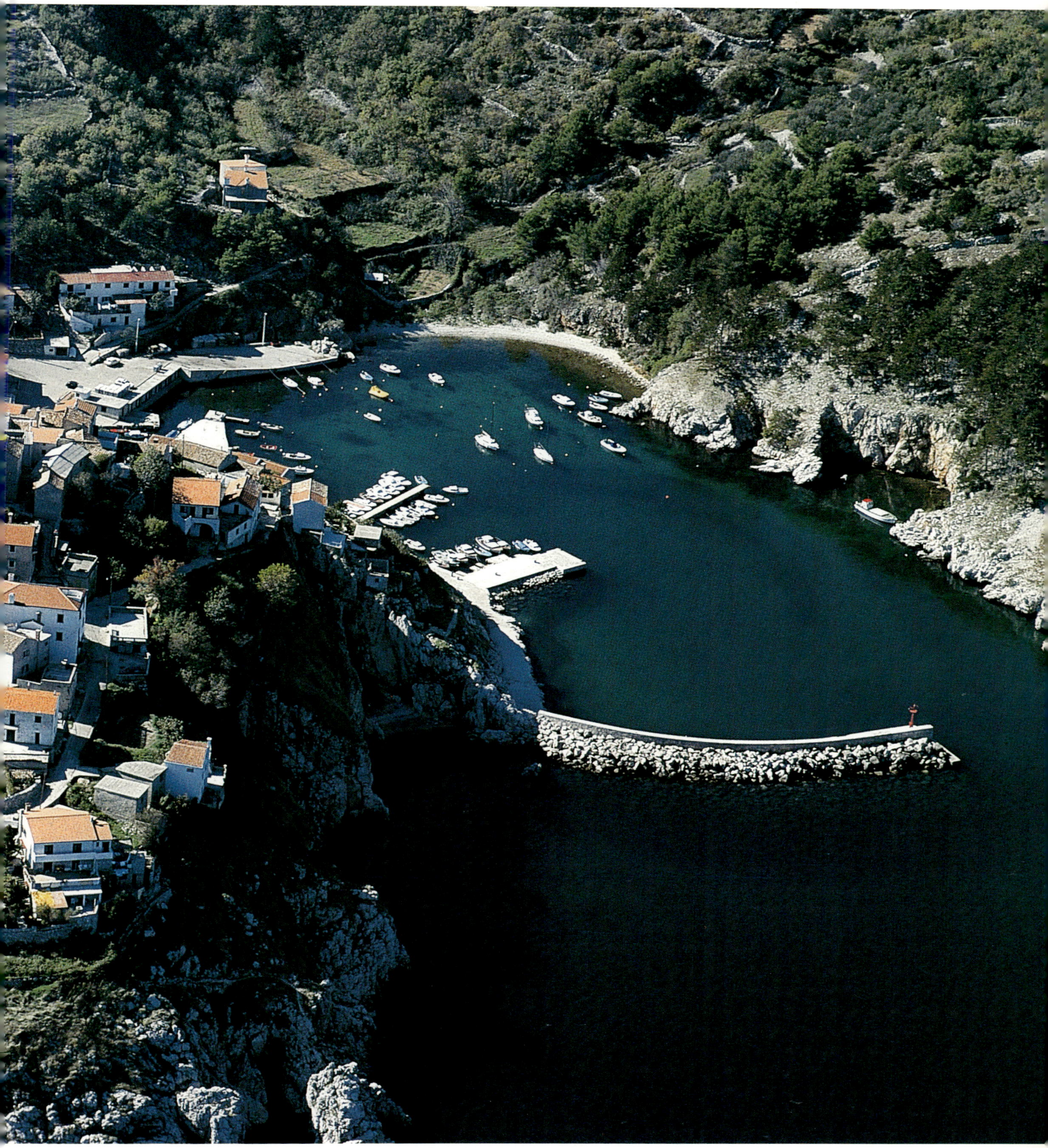

ACI-Marina Supetarska Draga tief in der gleichnamigen Bucht an der Nordwestseite der Insel Rab (oben). Dank der windgeschützten Lage einer der sichersten Ankerplätze der nördlichen Adria.

Die Bucht Supetarska Draga dringt eineinhalb Meilen tief in die Insel Rab ein. An den Ufern findet man jede Menge Ankerplätze, einer schöner als der andere (rechts).

Kleiner Bootshafen in San Marino, einem Ortsteil von Lopar. Das Fischerdorf an der Nordspitze der Insel Rab ist ein ruhiger Urlaubsort mit weitem Sandstrand (links).

Die mittelalterliche Stadt Rab – mit Hafen und einer ACI-Marina – erhebt sich eindrucksvoll auf einer Halbinsel. Schon von weitem grüßen die vier Glockentürme. Rab ist eine der schönsten und am meisten besuchten Ferieninseln Kroatiens. Die kalten Nordwinde werden durch das 1600 m hohe Velebit-Gebirge abgehalten sowie durch die Bergkette Kamenjak an der Ostseite von Rab, die 408 m hoch aufragt.

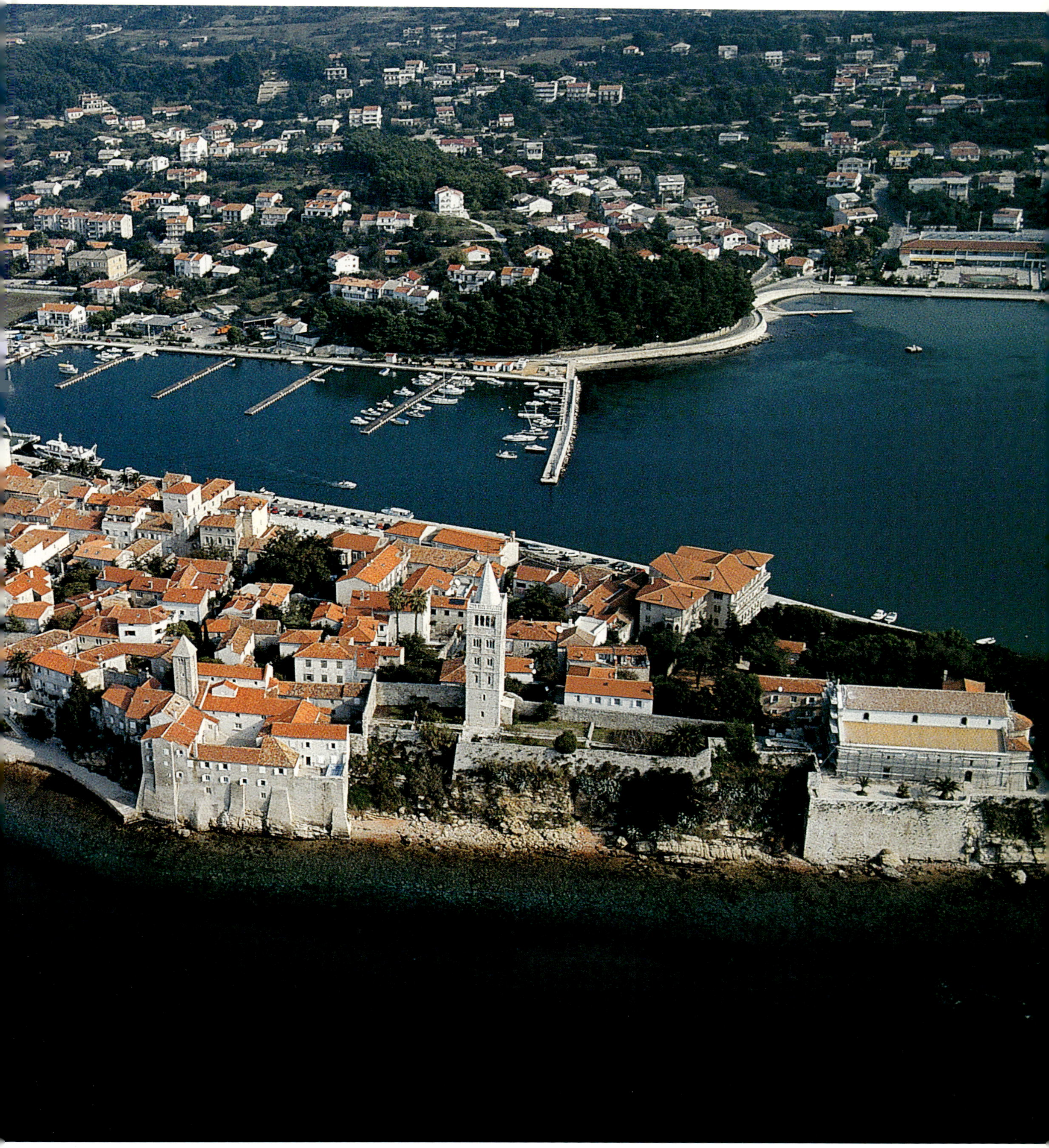

Nur durch den Kanal von Osor (beide Fotos) sind die Inseln Cres und Lošinj getrennt. Die 100 m lange und 12 m breite Durchfahrt wird von einer Drehbrücke überspannt und kann von Schiffen bis 2,6 m Tiefgang befahren werden. Es herrscht starke Strömung! Aufstieg und Niedergang von Osor, früher eine bedeutende Hafenstadt, heute eine kleine Ortschaft, ist eng mit der Schiffahrt verbunden. Osor wurde durch die Schiffahrt reich. Als die Schiffe jedoch immer größer wurden und nicht mehr den Kanal passieren konnten, verlor der Ort seine Bedeutung. Einmal im Jahr wird durch die „Osorer Abende" an die ruhmvolle Vergangenheit erinnert.

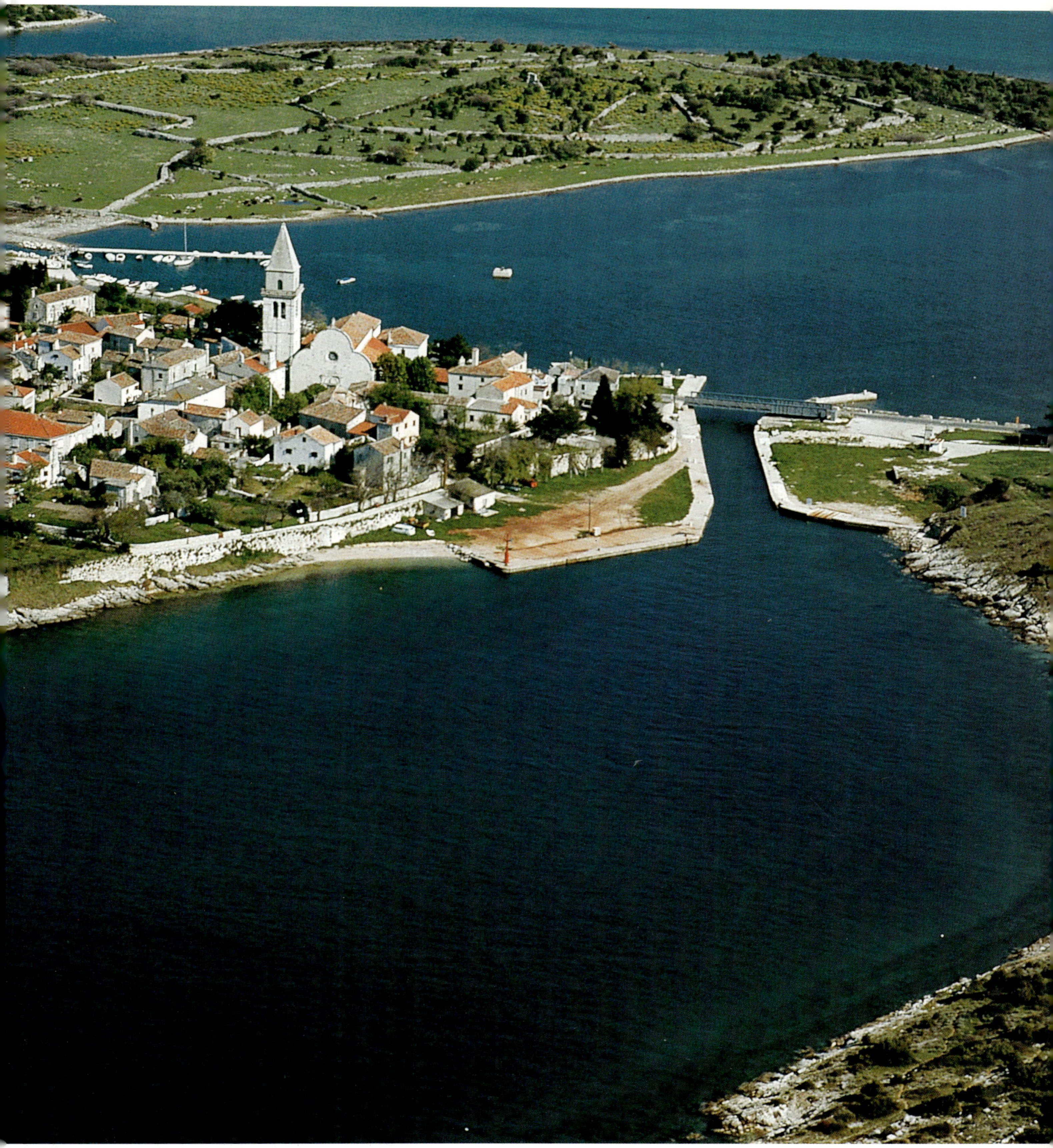

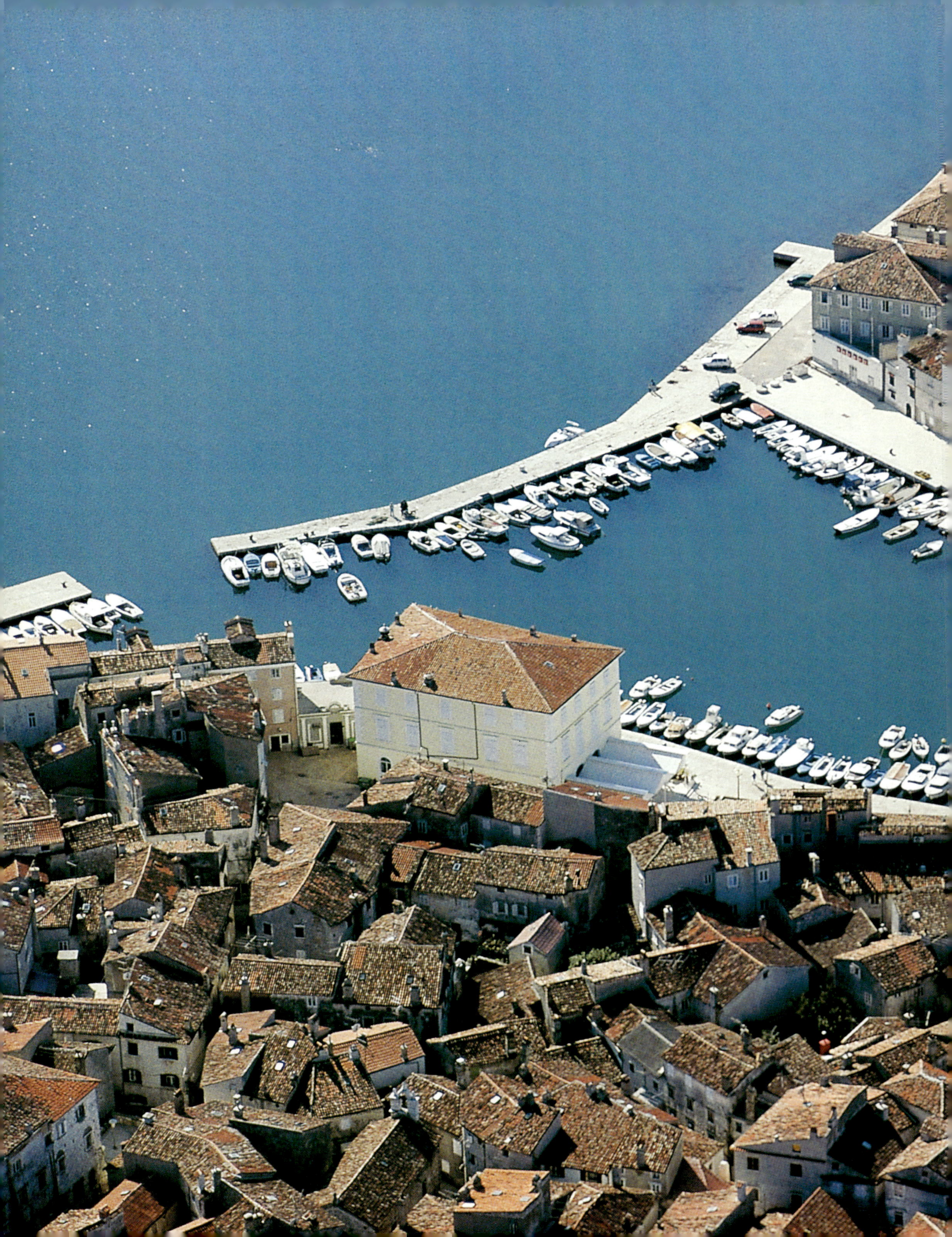

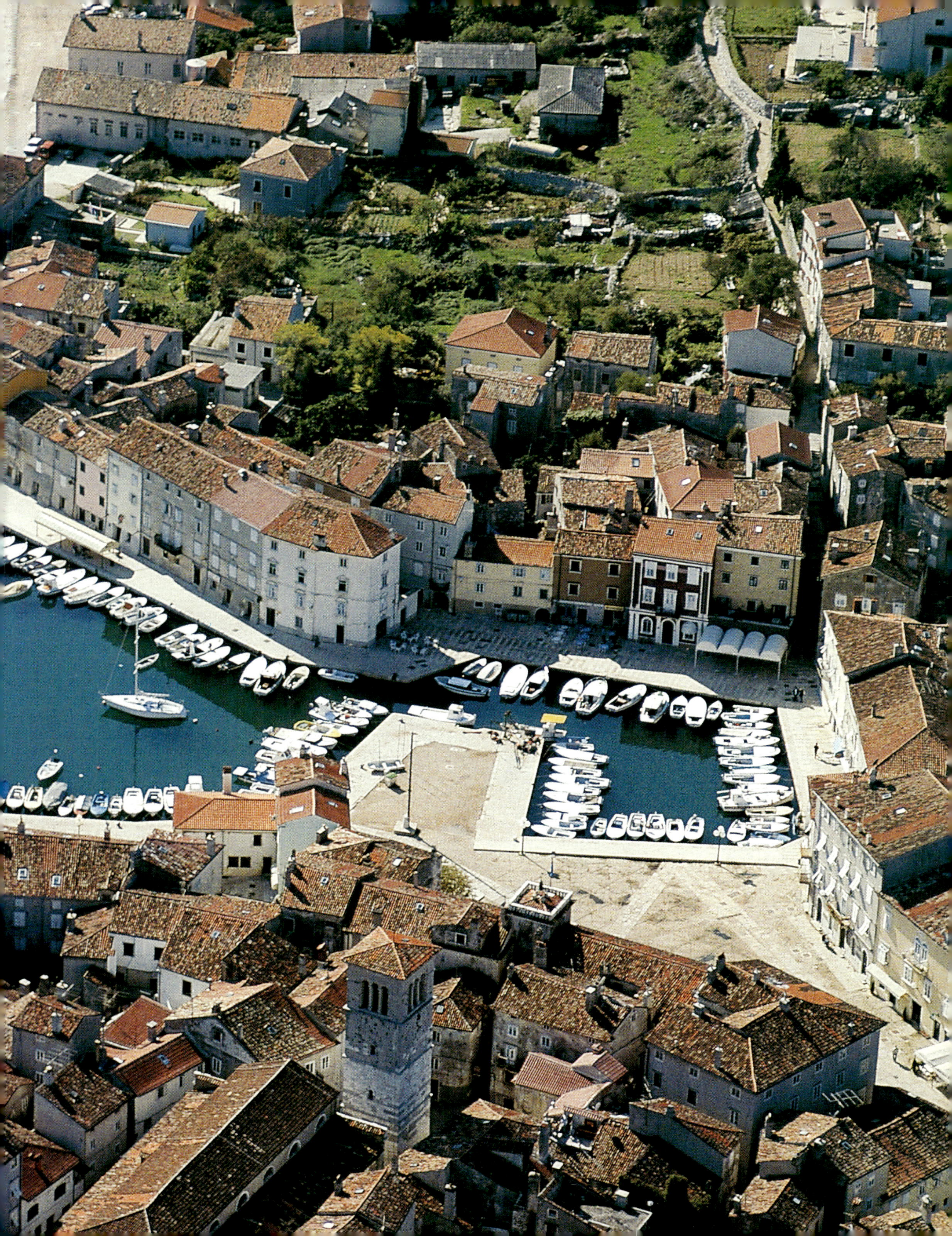

42

Jüngstes Glied in der Kette der ACI-Marinas ist Cres (großes Foto und oben). Die in einer weiten Bucht gegenüber dem Hauptort der Insel aus dem Boden gestampfte Marina, die 460 Liegeplätze aufweist, fügt sich harmonisch in die Landschaft ein.

Die extravagante Anlage besticht durch den stilisierten griechisch-römischen Baustil.

An der Nordseite der Einfahrt in die Bucht (Otok) Cres: Leuchtfeuer Kovačine, ein roter, runder, sechs Meter hoher Turm (unten).

Vorherige Doppelseite: Cres, idyllischer Hauptort der gleichnamigen Insel, mit mittelalterlichem Stadtkern um den kleinen Hafen und einer mediterranen Piazza.

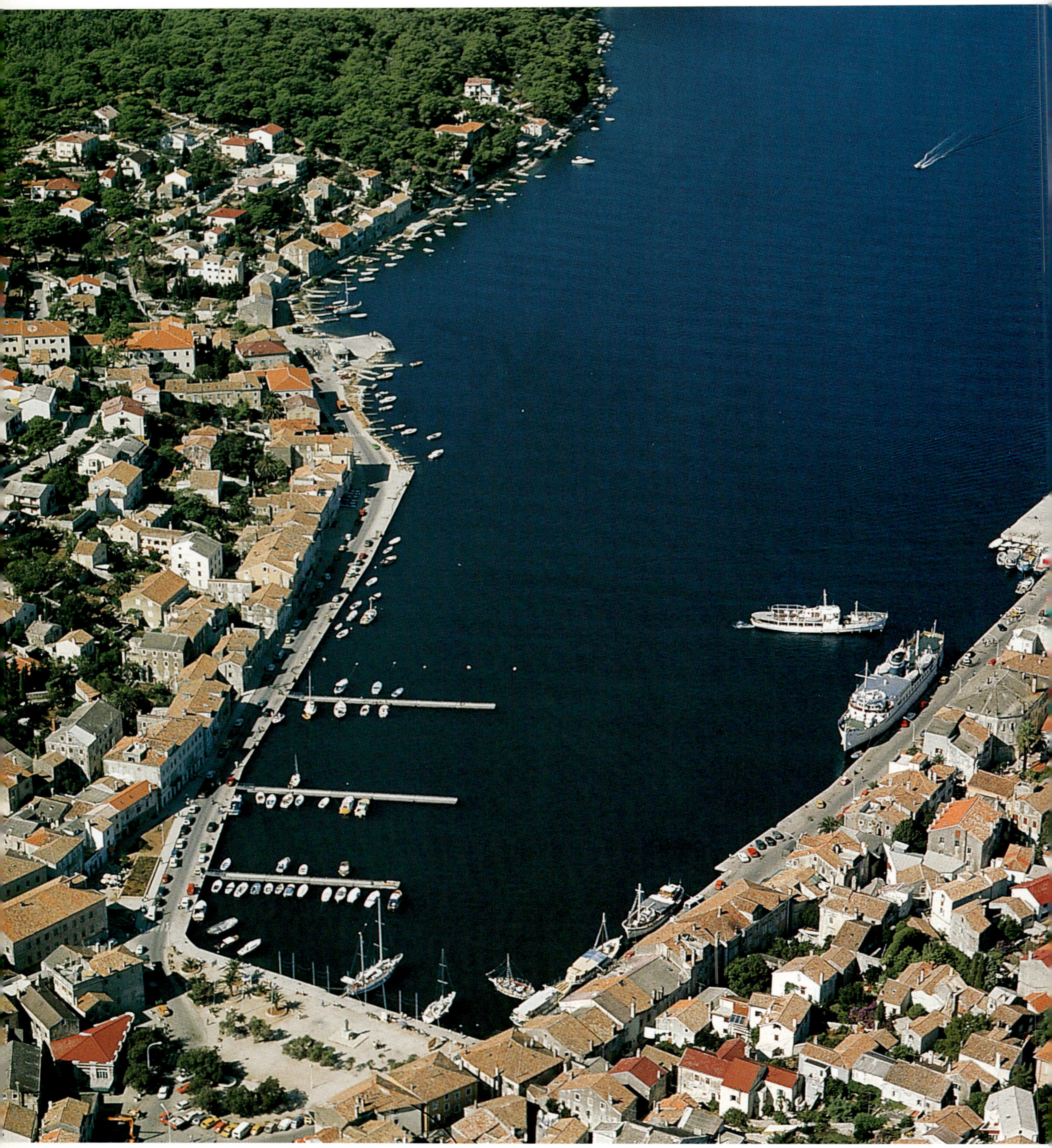

Mali Lošinj, Stadt und Hafen am Ende einer 3 sm langen Bucht (links). Handelsschiffe und Yachten teilen sich den großen Hafen, der über Bootsstege für Transitgäste verfügt. Das Hafenbecken wird gesäumt von Geschäften, Restaurants und Cafés.
Kleiner Ort mit Hafen an der Westküste der Insel Cres: Martinšćica (oben). Größere Yachten gehen in der Bucht vor Anker.

In der Bucht Mali Lošinj: Marina Mali Lošinj an der Privlaka-Passage (unten). Der Hafen verfügt über 130 Liegeplätze für Yachten bis 20 m Länge und gute Reparaturmöglichkeiten.

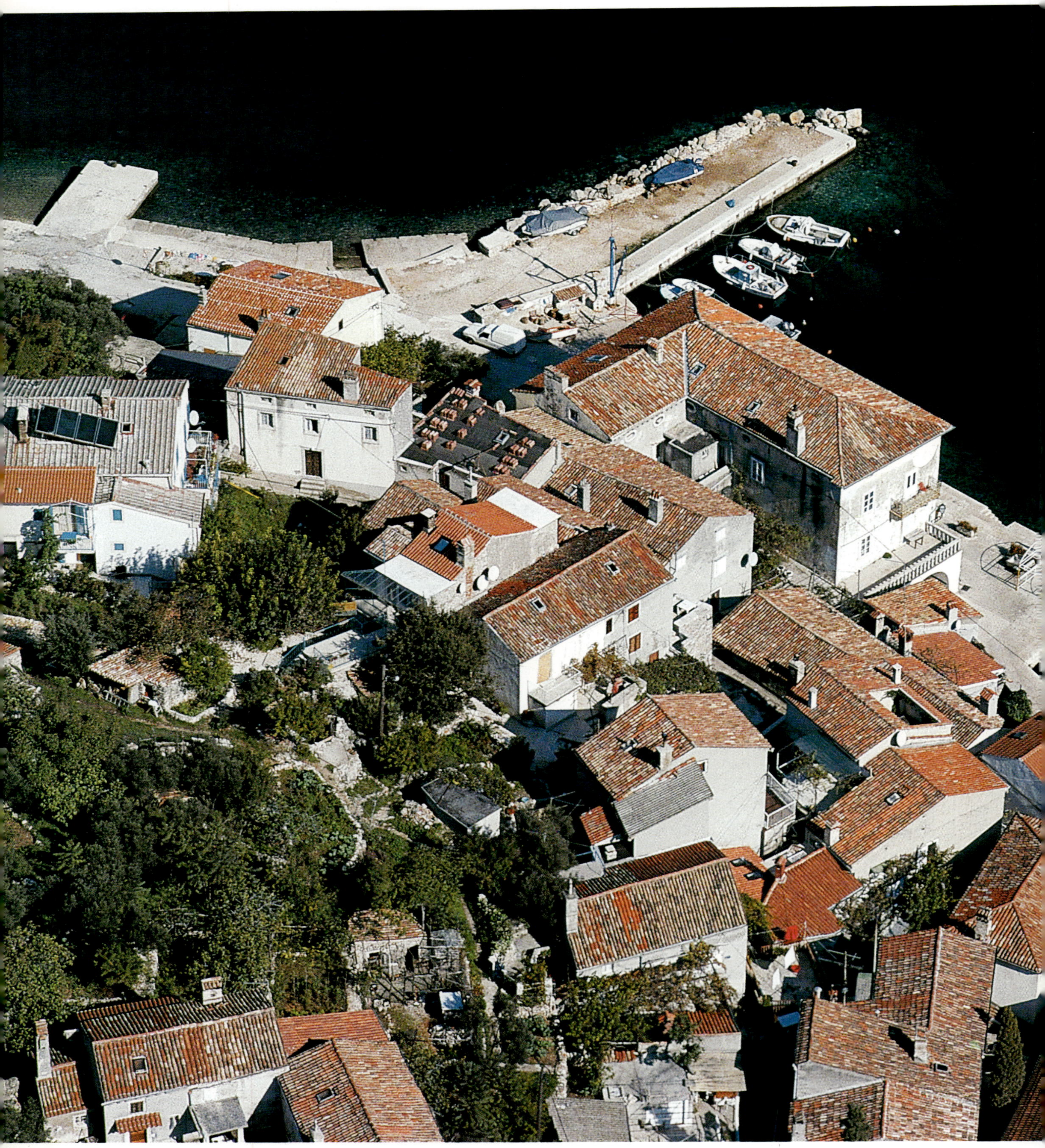

An einem weitgeschwungenen Uferbogen: Valun, ein typisches Fischerdorf und einer der malerischsten Orte auf der Insel Cres. Der kleine Hafenort ist bekannt für seine Fischspezialitäten. Yachten können an der kurzen Mole festmachen, Heck zur Pier.

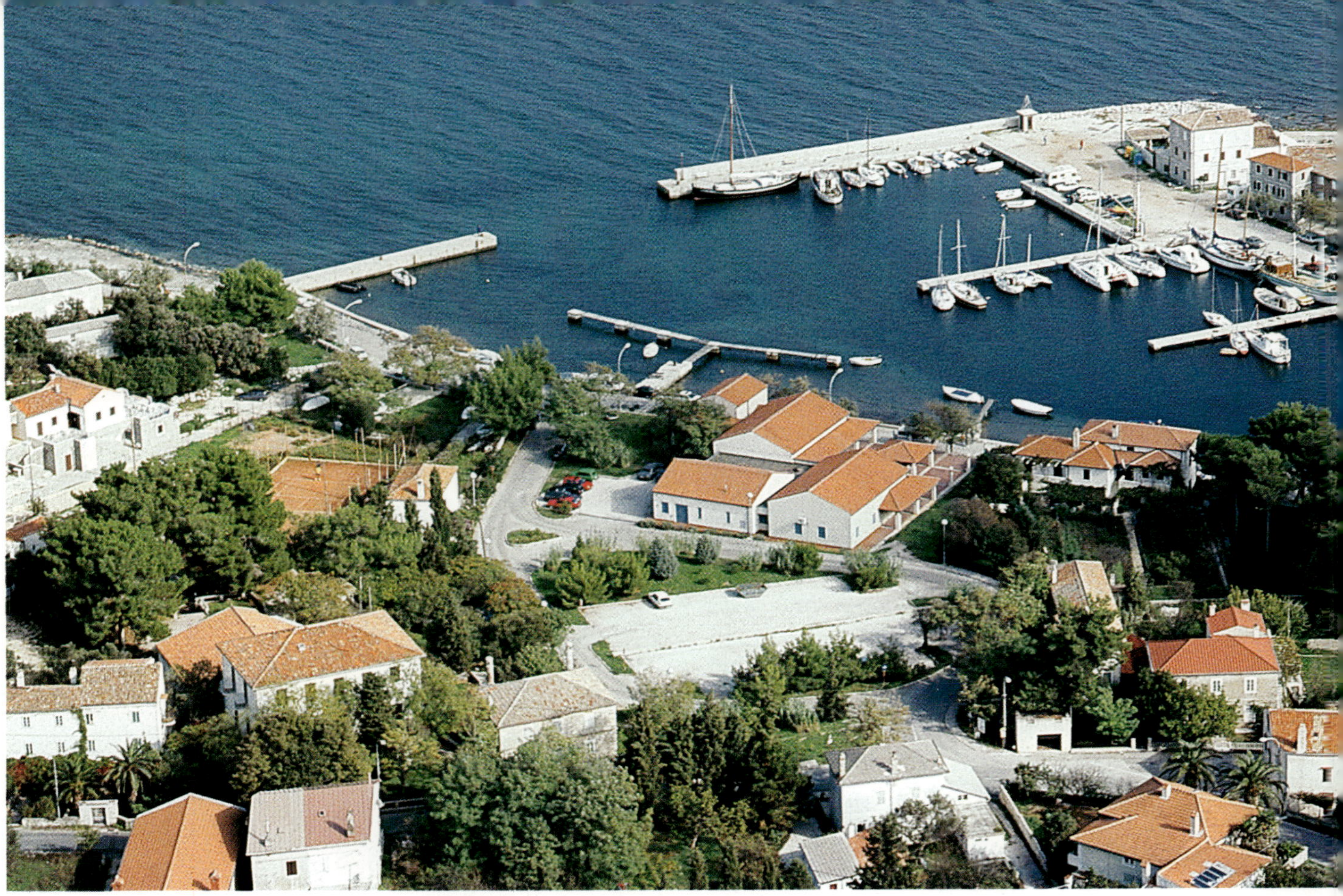

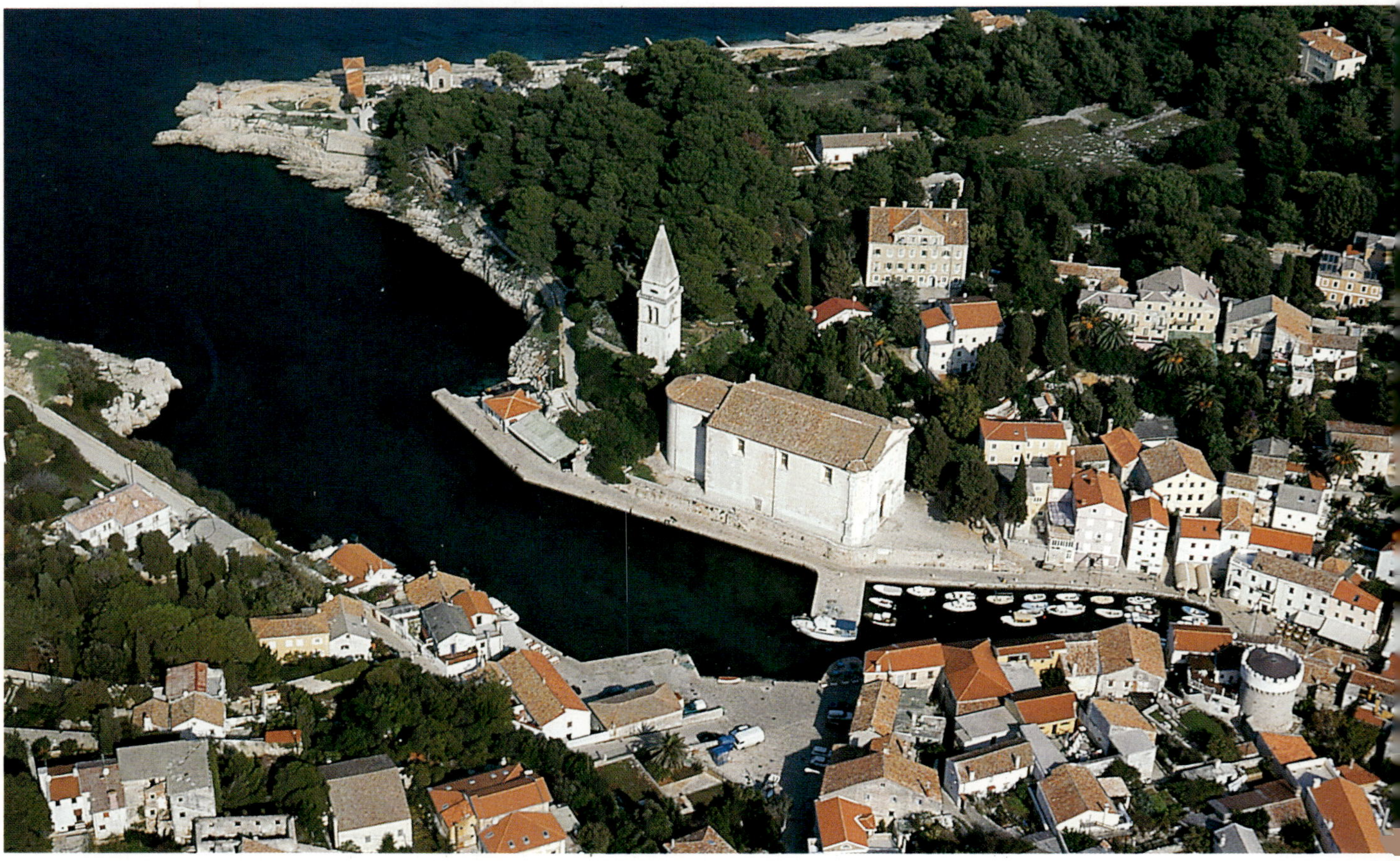

Hafen an der Nordseite der Insel Lošinj: Nerezine (links), wo es gute Versorgungseinrichtungen gibt. Die Boote sind vor Wind und Wellen geschützt.

Zweimal Veli Lošinj (unten): Mit engem Hafenschlauch, aber ausreichend Wassertiefe auch für größere Yachten (links) sowie die weite Hafenbucht im benachbarten Ortsteil Rovenska, durch eine kleine Halbinsel getrennt (rechts). Das Fischerstädtchen mit alten Bauten und einem subtropischen Park ist von Mali Lošinj rund 4 km entfernt. Obwohl „Veli" eigentlich groß bedeutet, ist Veli Lošinj der kleinere der beiden Orte.

NORDDALMATIEN

INSELN UND KÜSTENLAND VON ZADAR BIS PRIMOŠTEN

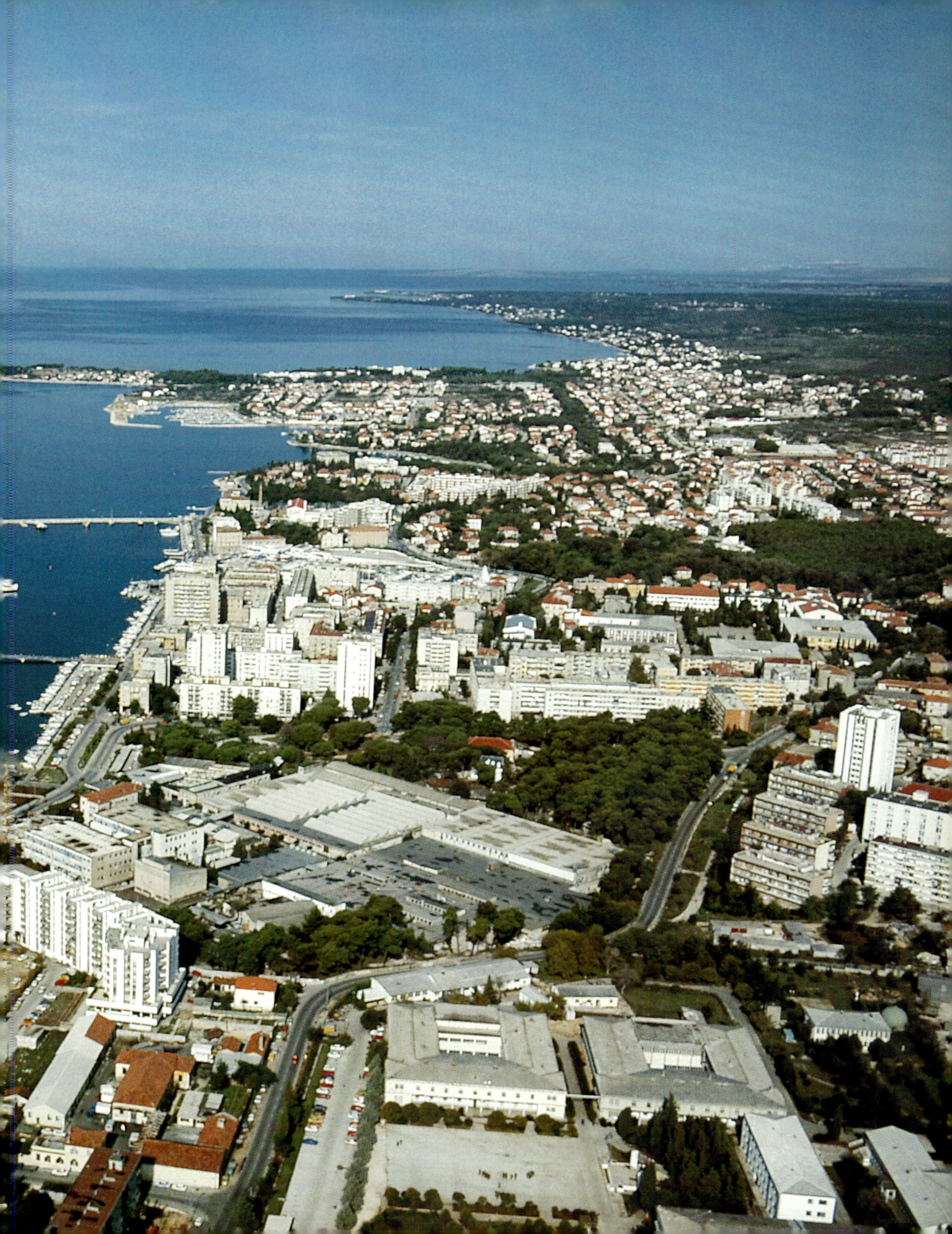

NORDDALMATIEN

Mit dem Archipel von Zadar, zu dem die Inseln Vir, Maun, Olib, Silba, Premuda, Škarda, Ist und Molat gehören, beginnt Dalmatien. Als nördliches Dalmatien wird das Küstenland bis Split bezeichnet, einschließlich der vielen vorgelagerten Inseln und der Kornaten. Norddalmatien mit seinen historischen Städten Zadar und Šibenik war die Wiege des frühmittelalterlichen kroatischen Staates und ist heute ein bedeutendes Urlaubsgebiet. Segler und Motorbootfahrer finden hier ein faszinierendes Törnrevier.

In Zadar, im Zentrum der adriatischen Küste, beginnt eine der schönsten Landschaften Europas. Die Stadt mit rund 60 000 Einwohnern ist wirtschaftliches und kulturelles Zentrum Norddalmatiens. Es gibt kaum einen anderen Ort mit einer so sehenswerten Altstadt, die durch eine Fülle historischer Kostbarkeiten und Kunstschätze begeistert.

Abends beim Lichterglanz entfaltet Zadar seine ganze Schönheit. In der Urlaubssaison finden viele kulturelle Veranstaltungen statt – unter anderem Musikabende im Freien.

Zadar ist eine lebendige Stadt, in die alljährlich viele Besucher kommen, und zugleich ist sie ein wichtiger Verkehrsknotenpunkt.

Sie hat sich außerdem zu einer Drehscheibe des nautischen Tourismus entwickelt, dank einem Yachthafen mitten in der Stadt mit 300 Liegeplätzen. Die Marina besteht schon seit über drei Jahrzehnten und ist modernst eingerichtet. Bis zu den Geschäften im Zentrum sind es nur wenige Minuten zu Fuß.

Es ist geplant, bis zu 1200 Liegeplätze für Yachten im Umkreis von 50 sm in fünf Sportbootzentren zu schaffen. Ein Anfang ist gemacht in der Vitrenjak-Bucht, nur wenige hundert Meter von Zadar entfernt, wo zwei Sportboothäfen mit insgesamt 400 Wasserplätzen gebaut wurden, darunter die Marina Borik. Sie war im Krieg schwer in Mitleidenschaft gezogen worden, wie übrigens zum Teil auch Zadar selbst. Inzwischen sind die Schäden jedoch beseitigt. In Iž Veli auf der Insel Iž, 14 sm entfernt, unterhält die Marina Zadar einen „Außenposten" – eine kleine Marina mit nur 50 Bootsplätzen. Das Platzangebot für die Landlagerung ist dagegen riesig.

Das Liegeplatzangebot in dieser Region wurde ferner durch eine Marina auf der Insel Pag erweitert, die der ACI-Kette eingegliedert wurde. Die Marina Šimuni liegt in einer schmalen, langgestreckten Bucht und verfügt über 150 Yachtplätze. Im Einzugsgebiet von Zadar liegt auch die Riesenmarina Zlatna Luka in Sukošan, nur 4,5 sm entfernt, die mit Geldern der Maschinenfabrik SAS erbaut wurde. Der „Goldene Hafen" ist mit 1400 Liegeplätzen die größte Wassersportanlage der adriatischen Küste. Es wird aber immer noch daran gewerkelt. Zlatna Luka ist der ideale Ausgangspunkt für einen Törn in den Kornaten. Das haben auch mehrere Charterunternehmen erkannt und sich hier niedergelassen. Das gleiche trifft auf Biograd und seine Marinas zu, nur ein paar Meilen weiter. Die einstige Krönungsstadt der kroatischen Könige ist heute ein attraktiver Fremdenverkehrsort. Marina Kornati, eine großzügige Anlage mit 700 Liegeplätzen, kann selbst von Superyachten angelaufen werden. Der Hafen, im Balkankrieg Ziel von einem Angriff aus der Luft, verfügt über alle erforderlichen Versorgungseinrichtungen.

Sozusagen vor Zadars Haustür liegt wie ein schmales Handtuch die grüne Insel Ugljan, vom Festland getrennt durch den 2 sm breiten Zadarski-Kanal.

Daran schließt sich Richtung Südost die Insel Pašman an. Die beiden Inseln sind durch eine Straßenbrücke miteinander verbunden, die eine 18 m hohe Durchfahrt läßt. Ugljan, 52 km² groß, ist die Ausflugsinsel Zadars. Sie ist das am dichtesten besiedelte Eiland in diesem Gebiet mit einem üppigen Pflanzenwuchs. Zwischen Zadar und dem Inselhafen Preko verkehrt eine Autofähre. An der Nordseite reiht sich ein Hafenort an den anderen. Außerdem findet man jede Menge Ankerplätze.

Klein aber fein – so könnte man die Nachbarinsel Iž charakterisieren, die genau in der Mitte zwischen Ugljan und Dugi Otok, dem am weitesten vorgeschobenen Riegel in dieser Inselkette, liegt. Dugi Otok bedeutet lange Insel. Sie mißt 44 km in der Länge bei einer Breite von lediglich 2 bis 4 km. Von Jahr zu Jahr ist die Einwohnerzahl auf der weitgehend verkarsteten Insel zurückgegangen. Die steile, unzugängliche Westküste ist so gut wie unbewohnt, während an der Ostküste, die buchtenreich ist und flach ausläuft, viele Orte liegen.

Mitten in der Stadt: Marina Zadar mit 300 Liegeplätzen. Von hier erreicht man eine der schönsten Küstenlandschaften. Bis zur historischen Altstadt sind es nur wenige Minuten zu Fuß.

Vorherige Doppelseite: Die Stadt Zadar ist umgeben von kilometerlangem flachem Land. Sie ist wirtschaftliches, kulturelles und nautisches Zentrum Norddalmatiens, Stadt des Fremdenverkehrs und mit einer Musterschau an Kirchen und Palästen versehen.

Hauptort ist Sali ganz im Süden, dessen knapp 900 Einwohner fast ausschließlich vom Fischfang leben. Erst zaghaft regt sich der Tourismus. Die Yachtcrews, die hierher kommen, finden einen urtümlichen Fischerhafen vor einer bunten Häuserkulisse. Der Südteil der Insel gehört zum Nationalpark Kornaten (siehe Kapitel „Die Kornaten").

An der Küste setzt sich die dichte Reihenfolge der Häfen und Marinas fort, von Murter bis Rogoznica. Auf der Insel Murter, die mit dem Festland durch eine Brücke verbunden ist, sind es gleich drei Marinas: Hramina, Betina, Jezera. Damit kommt Murter das Prädikat als eines der großen Wassersportzentren zu. Hramina ist die größte Marina (450 Liegeplätze), Betina ein von Jahr zu Jahr verbesserter Werfthafen, Jezera eine ACI-Marina, die von einem typisch dalmatinischen Fischerort eingerahmt wird.

Eine ACI-Marina findet sich auch in Vodice am Nordwestende des Šibenski-Kanals. Das kleine, schmucke Städtchen mit immerhin 4500 Einwohnern ist von See gut an seinen hohen Hotelbauten auszumachen. Vodice ist ein bekannter Touristenort mit alten Häusern, engen winkligen Gassen und verträumten Plätzen. Sportschiffer finden hier komplette Service- und Versorgungseinrichtungen. Dagegen ist 1,5 sm weiter westwärts in dem kleinen idyllischen Fischerort Tribunj von der Marina, die dort bereits seit Jahren im Bau ist, vorerst nur das Stegsystem fertiggestellt. Es sollen einmal 315 Liegeplätze zur Verfügung stehen.

Eines der eindrucksvollsten Erlebnisse, die man bei einem Törn in diesen Gewässern haben kann, ist die Ansteuerung von Šibenik und eine Fahrt auf der romantischen Krka zur ACI-Marina Skradin sowie ein Abstecher zu den Krka-Wasserfällen.

Im Krieg zwischen Kroaten und Serben verlief bei Skradin die Frontlinie. Der Ort und auch die Marina trugen erhebliche Schäden davon. Doch jetzt ist kaum noch etwas davon zu sehen.

Eines der Glanzlichter an der Riviera von Šibenik ist das malerisch auf einer Halbinsel gelegene Fischerdorf Primošten, das früher durch eine Zugbrücke mit dem Festland verbunden war. Jetzt führt ein Damm hinüber. In der fjordartig tief einschnei-

Zwei Sportboothäfen in der Nähe des Nautikzentrums Zadar. Vitrenjak (oben links), mehr in der Funktion eines Clubhafens und überwiegend von kleinen einheimischen Booten belegt. Marina Borik mit 250 Liegeplätzen für Yachten bis 25 m Länge. Nach der Beschädigung im Krieg wurde Borik wieder vollkommen instandgesetzt (oben). Super-Marina in Sukošan, rund 4,5 sm südlich Zadar (links): An dem „Goldenen Hafen" Zlatna Luka wird seit Jahren gebaut. Nach der Fertigstellung soll er die Nummer eins in Kroatien sein mit 1200 Liegeplätzen. Viele Chartercrews starten hier zu ihrem Törn in die Kornaten.

Auf einer Halbinsel breitet sich das alte Biograd aus. Die moderne Marina Kornati und die ehemalige Residenzstadt der kroatischen Könige haben enge Tuchfühlung. In der großzügig angelegten Marina finden 500 Yachten sichere Liegeplätze. Zwei mächtige Wellenbrecher verhindern, daß sich Wellen in dem Hafenbecken ausbreiten (beide Fotos). Die Fährschiffe pendeln zwischen Biograd und Tkon auf der Insel Pašman hin und her.

denden südlichen Nachbarbucht Luka Peleš gibt es seit 1982 die Marina Kremik, die sich vor allem durch ihre geschützte Lage auszeichnet. Primošten steht im Sommer ganz im Zeichen des Tourismus.

Weiter südlich öffnet sich das weite Buchtengebiet von Rogoznica mit einem urigen Fischerdorf. Schon den alten Griechen und Römern diente Rogoznica als Schutzhafen. Jetzt sollen hier bis zu 300 Yachten einen sicheren Liegeplatz finden – in der Marina Frapa. Der nach neuestem Stand der Technik erbaute Sportboothafen hat bereits seine Dienste aufgenommen.

Das Marinanetz an der dalmatinischen Küste ist damit noch enger geworden.

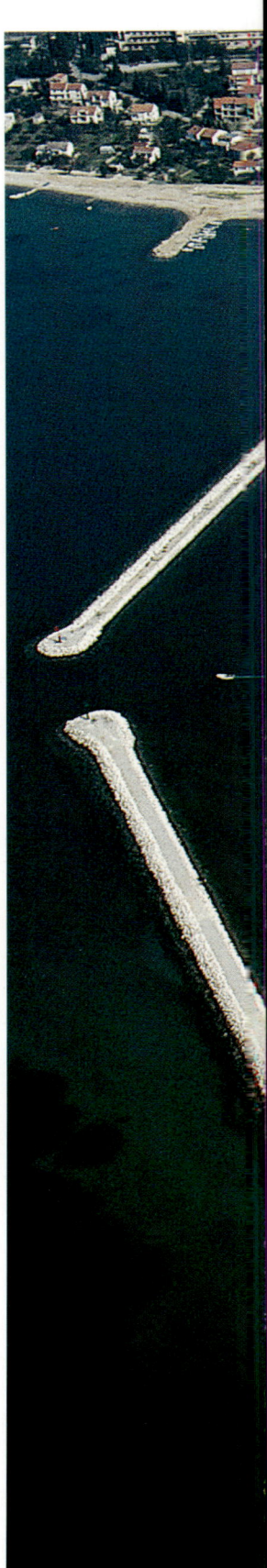

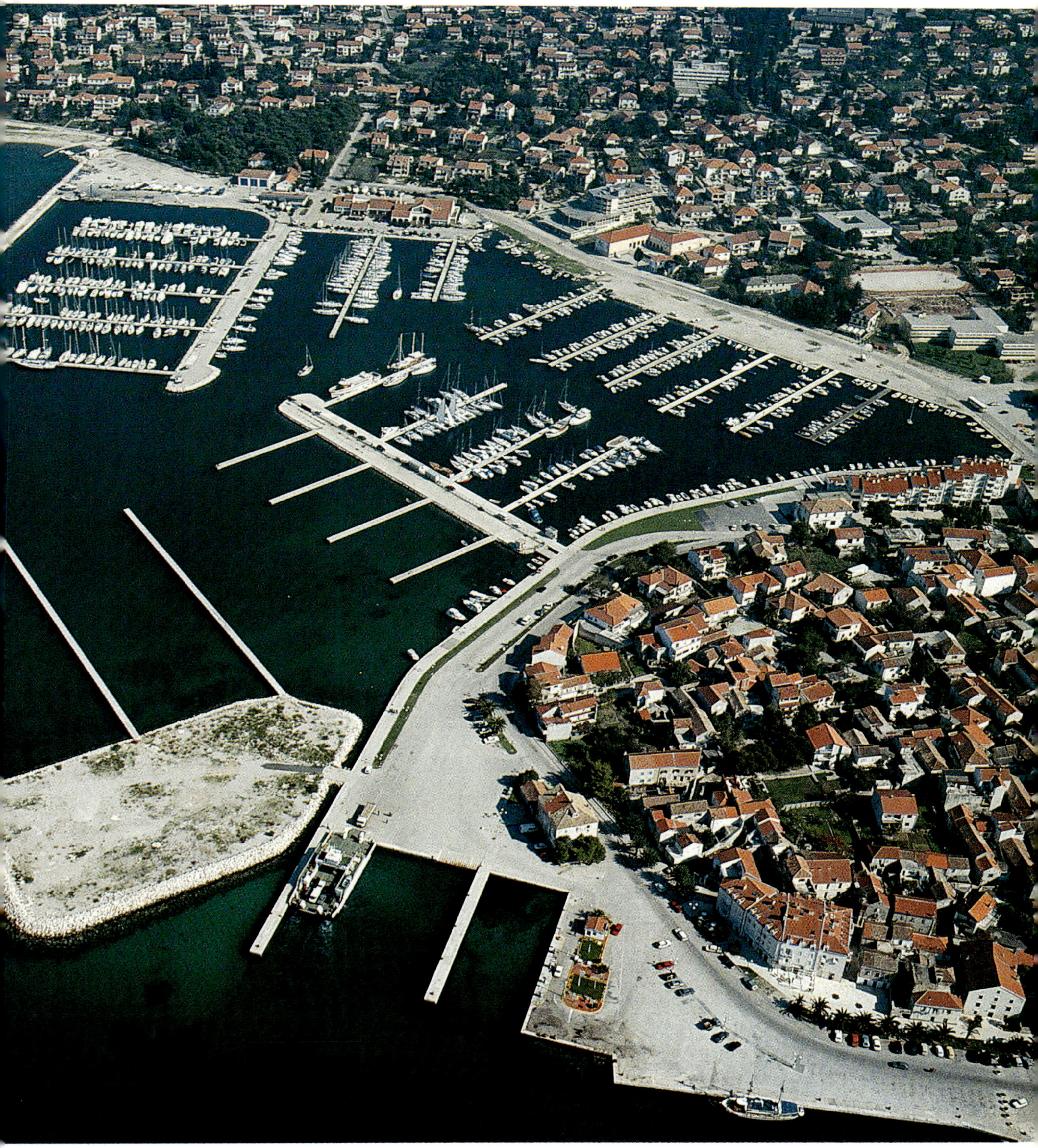

Eine kleine Marina, dafür aber so sicher wie in Abrahams Schoß: ACI-Marina Šimuni (oben) an der Südseite der Insel Pag, die über weite Strecken so kahl und steinig ist wie die Mondoberfläche.

Bei Fischern, Seefahrern aber auch Yachtcrews geschätzt als sicherer Zufluchtsort: Ist, Hauptort und Hafen der gleichnamigen Insel, die zum Archipel von Zadar gehört (rechts).

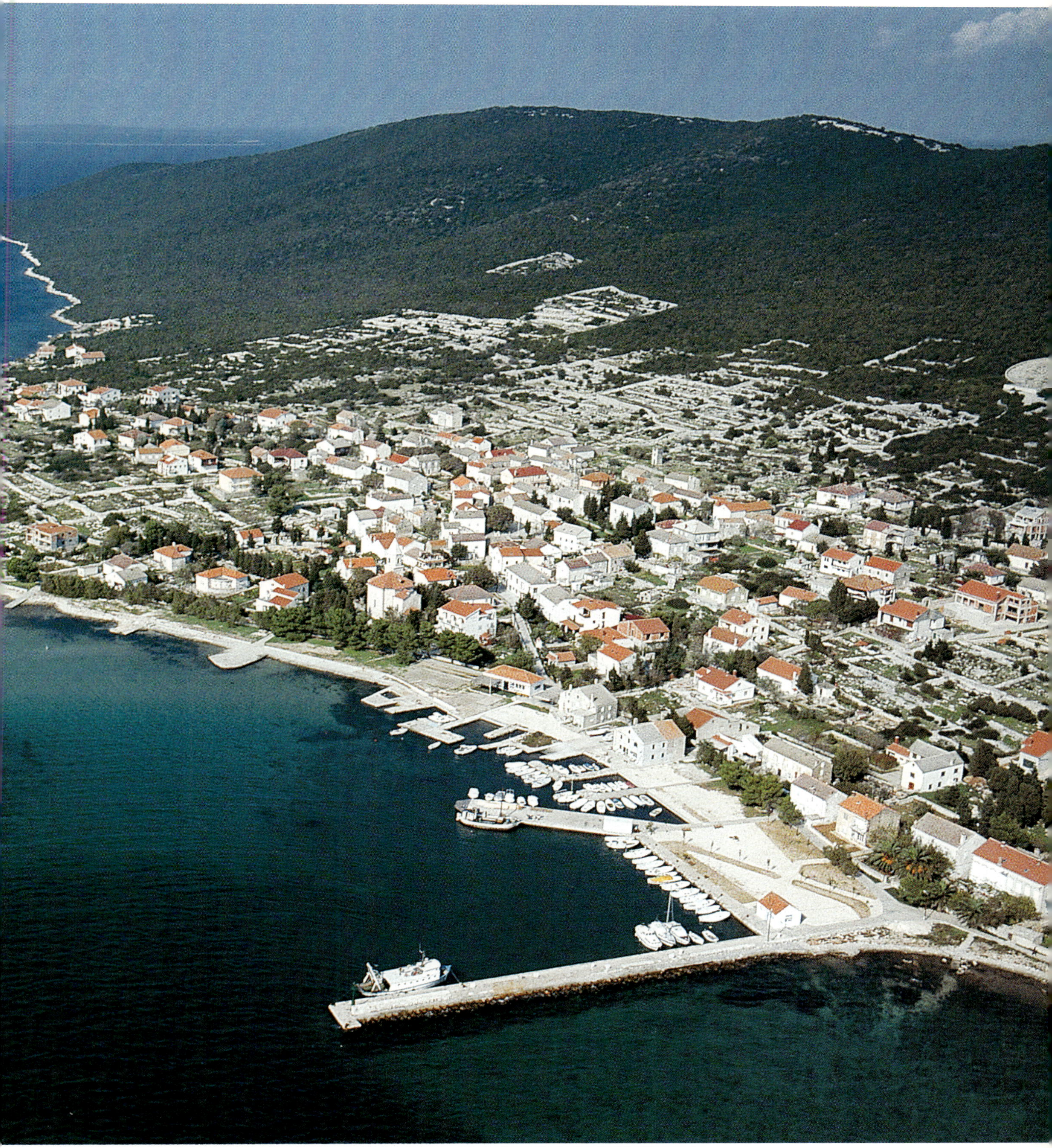

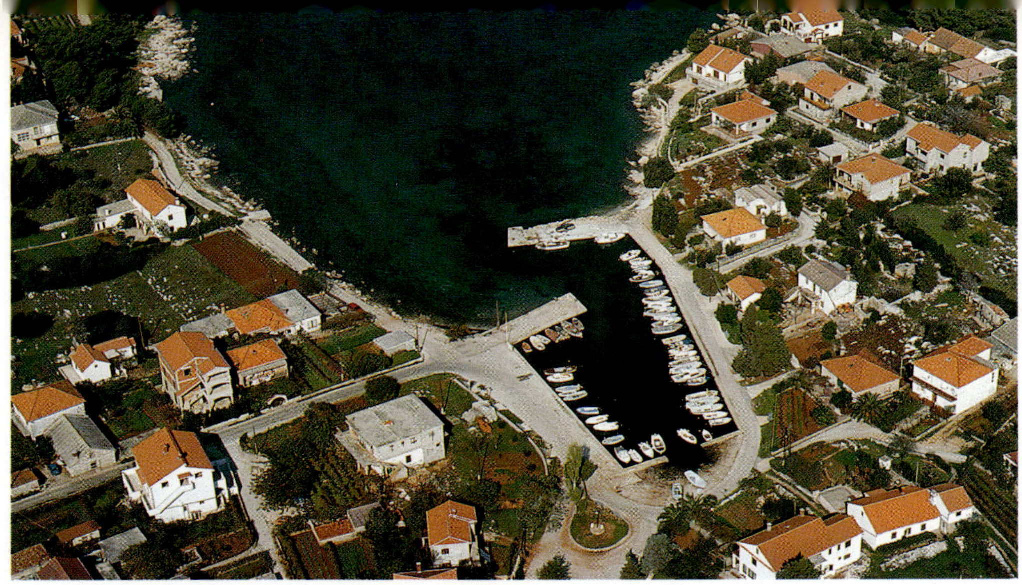
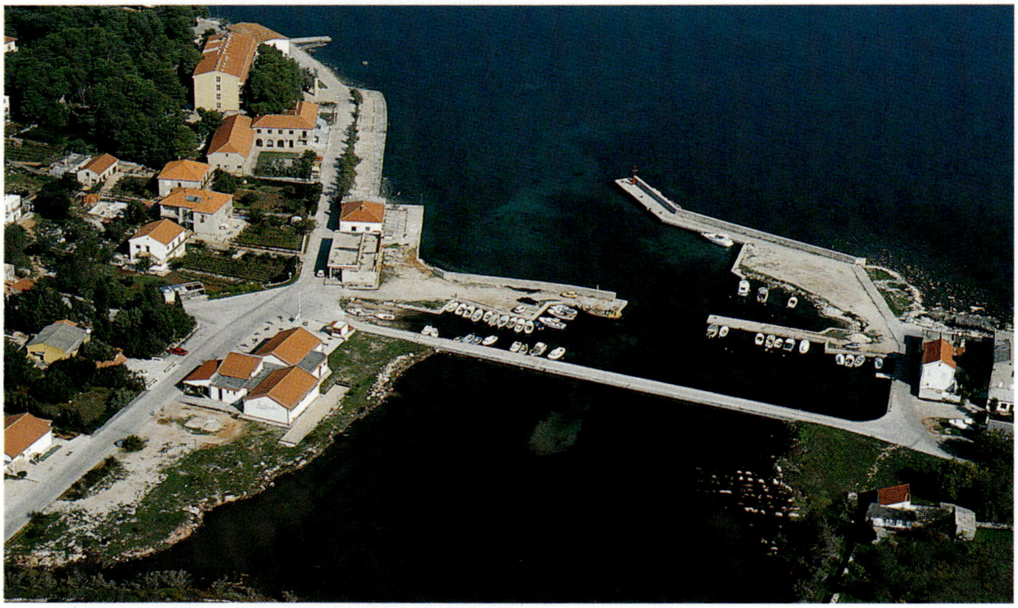
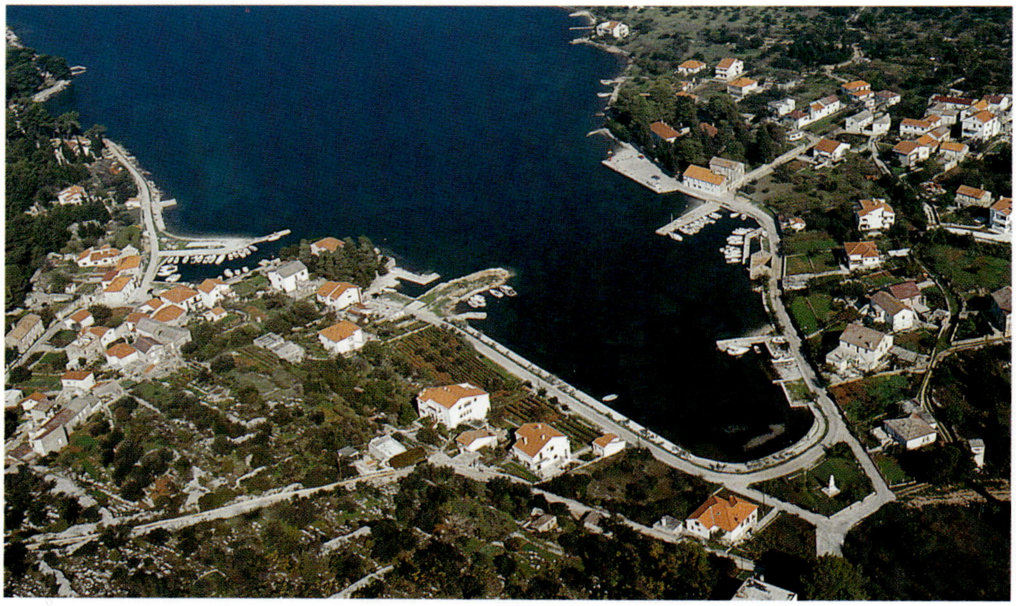
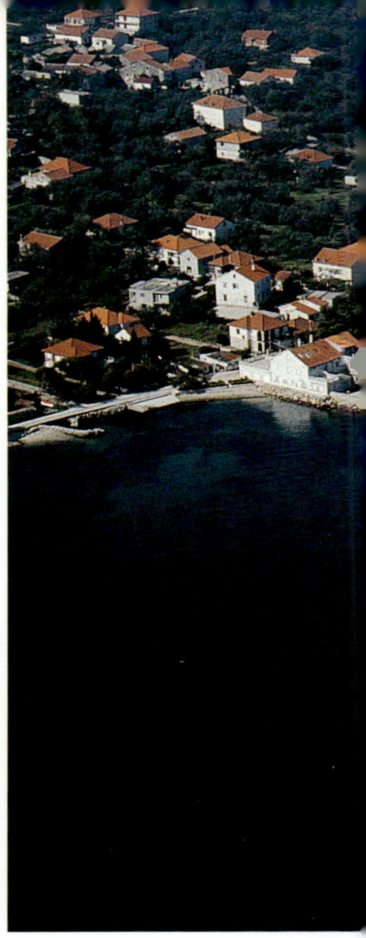
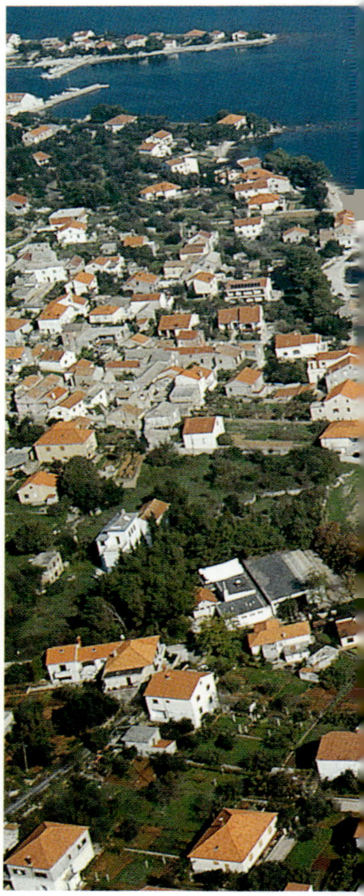

Fünfmal Ugljan: Die Insel Ugljan wird als „Vorstadt" von Zadar bezeichnet, als grüner Garten für die Bewohner der größten Stadt Norddalmatiens, die nur den 2 sm breiten Zadarski-Kanal mit dem Boot überqueren müssen, um hierher zu gelangen. Die Insel war bereits zur Römerzeit stark besiedelt und hat ihren Namen von der Olivenölgewinnung. Auf Ugljan gibt es über 100 000 Olivenbäume. An der 22 km langen Nordostküste sind die Küstenorte aufgereiht wie auf einer Perlenschnur. Links außen von oben nach unten: Lukoran, Ugljan, Čeprljanda. Daneben oben Poljana und darunter der Nordhafen von Preko mit der bewaldeten Insel Galovac davor, auf der sich ein Kloster befindet.

Altes Fischerdorf und Hafen an einer weiten Bucht der Insel Ugljan vis-à-vis Zadar: Sutomišćica. An der Westseite der Bucht will ein deutsch-kroatisches Firmenkonsortium schon bald die Romantic Marina Ugljan errichten, die als Alternative zu den bisherigen Hafenbauten gedacht ist. Geplant ist ein Bootshafen mit viel Flair im mediterranen Stil, der sich nahtlos in die Umgebung einfügt. Beton soll beim Bau nur soweit wie unbedingt erforderlich Verwendung finden. Natürliche Materialien werden bevorzugt. Vorgesehen sind 200 Liegeplätze im Wasser und 25 Stellplätze an Land.

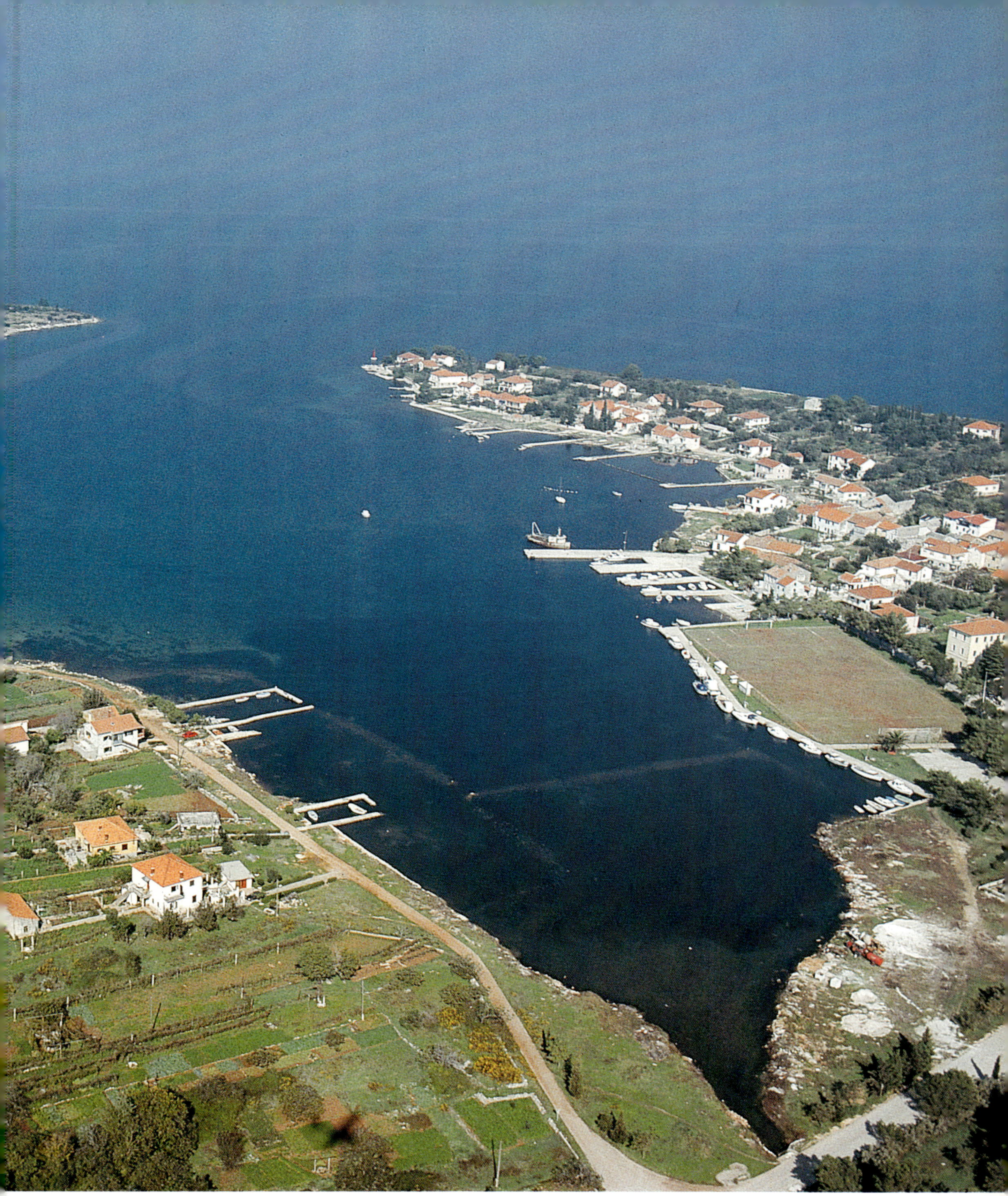

Touristen- und Fischerort auf der Insel Ugljan: Kukljica (oben). Molen und Stege ragen an mehreren Stellen in die Hafenbucht. Jedes Jahr im August findet eine Prozession zu Ehren der „Schneemadonna" mit Booten statt. Nach der Überlieferung soll es hier vor 400 Jahren im August geschneit haben.

Betonnte Durchfahrt zwischen Ugljan und Pašman (rechts). Bis 1883 konnte man von einer Insel zur anderen zu Fuß gelangen. Als die Stelle schiffbar gemacht wurde, war es damit vorbei. Bis heute können aber nur kleinere Schiffe die Passage befahren. Die Brücke wurde 1973 gebaut.

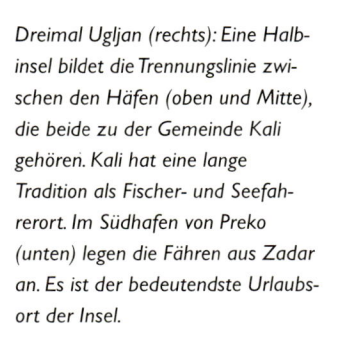

Dreimal Ugljan (rechts): Eine Halbinsel bildet die Trennungslinie zwischen den Häfen (oben und Mitte), die beide zu der Gemeinde Kali gehören. Kali hat eine lange Tradition als Fischer- und Seefahrerort. Im Südhafen von Preko (unten) legen die Fähren aus Zadar an. Es ist der bedeutendste Urlaubsort der Insel.

Hauptort der Insel Iž ist Iž Veli (rechts), wo die Marina Zadar einen kleinen Sportboothafen eingerichtet hat. Nördlich davon Uvala Masličica mit dem Dorf Drage (oben), wo es, im Gegensatz zum betriebsamen Hafen von Iž Veli, ruhige Liegeplätze gibt.

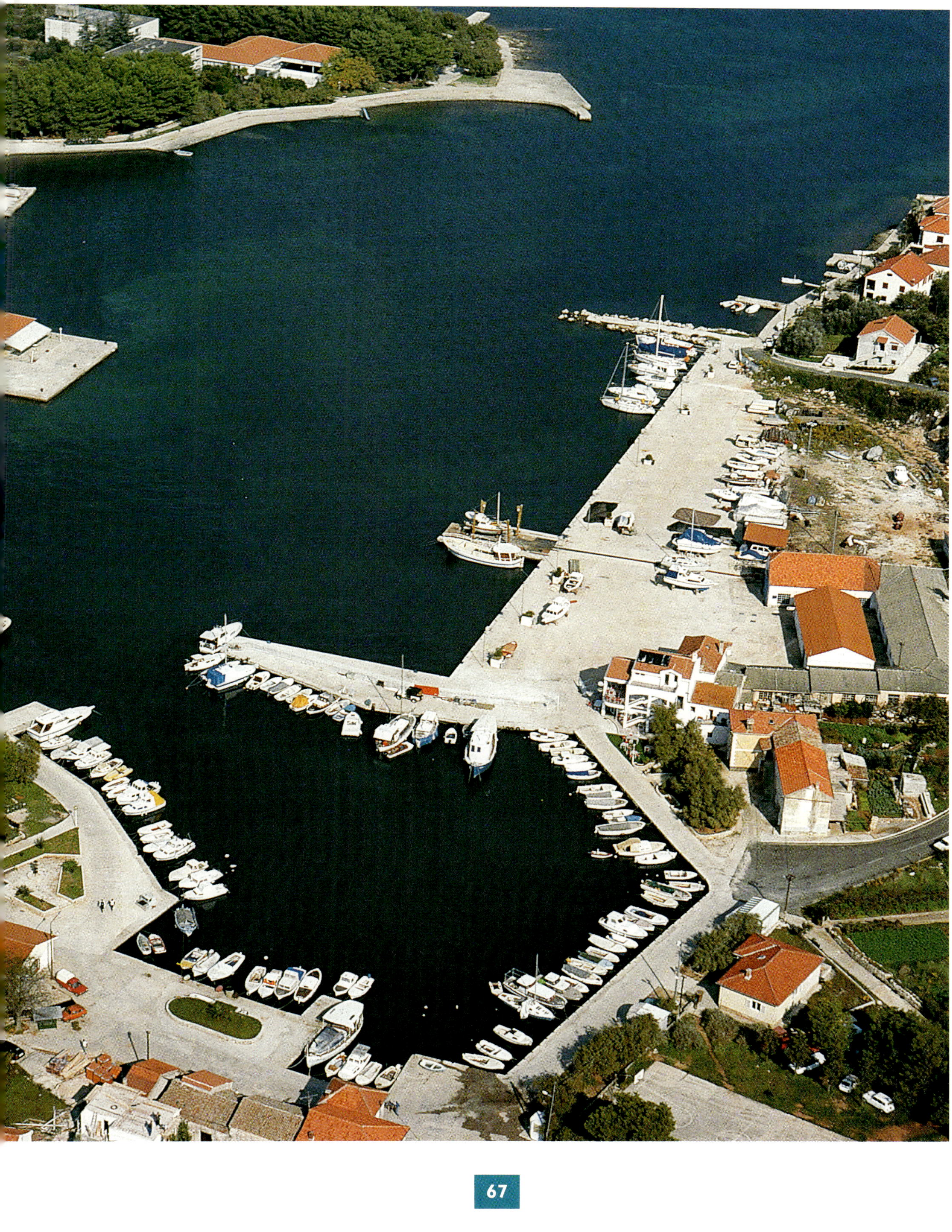

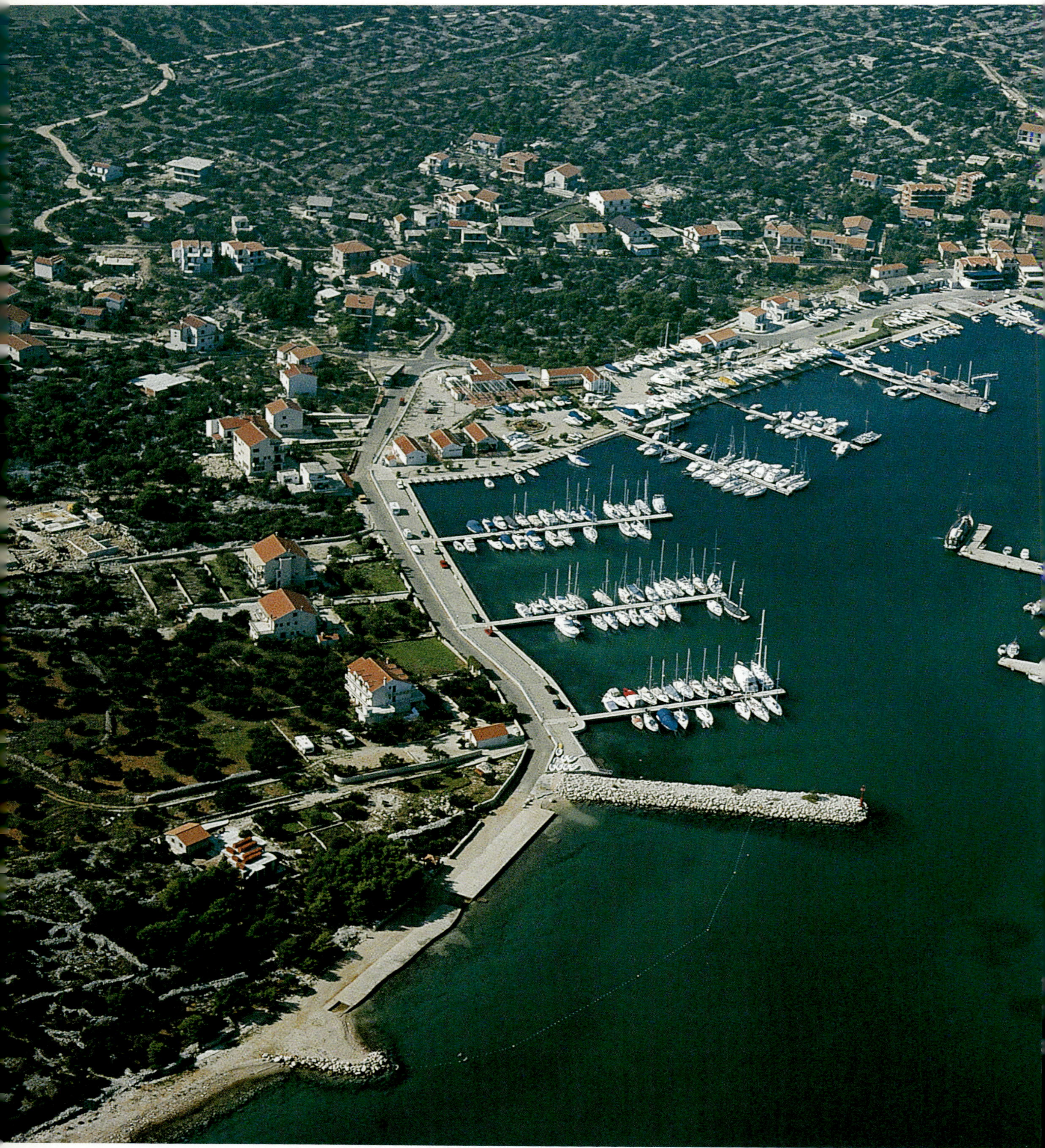

Marina Jezera auf der Insel Murter. Die vom ACI erbaute Anlage wurde in eine hufeisenförmige Bucht eingepaßt. Sie ist von sanft ansteigenden Bergen umgeben, welche alle Winde abhalten.
An den Ufern breitet sich ein kleiner malerischer Fischerort aus, der den Crews einen stimmungsvollen Empfang bereitet. An den Stegen haben 200, an Land 100 Boote Platz.

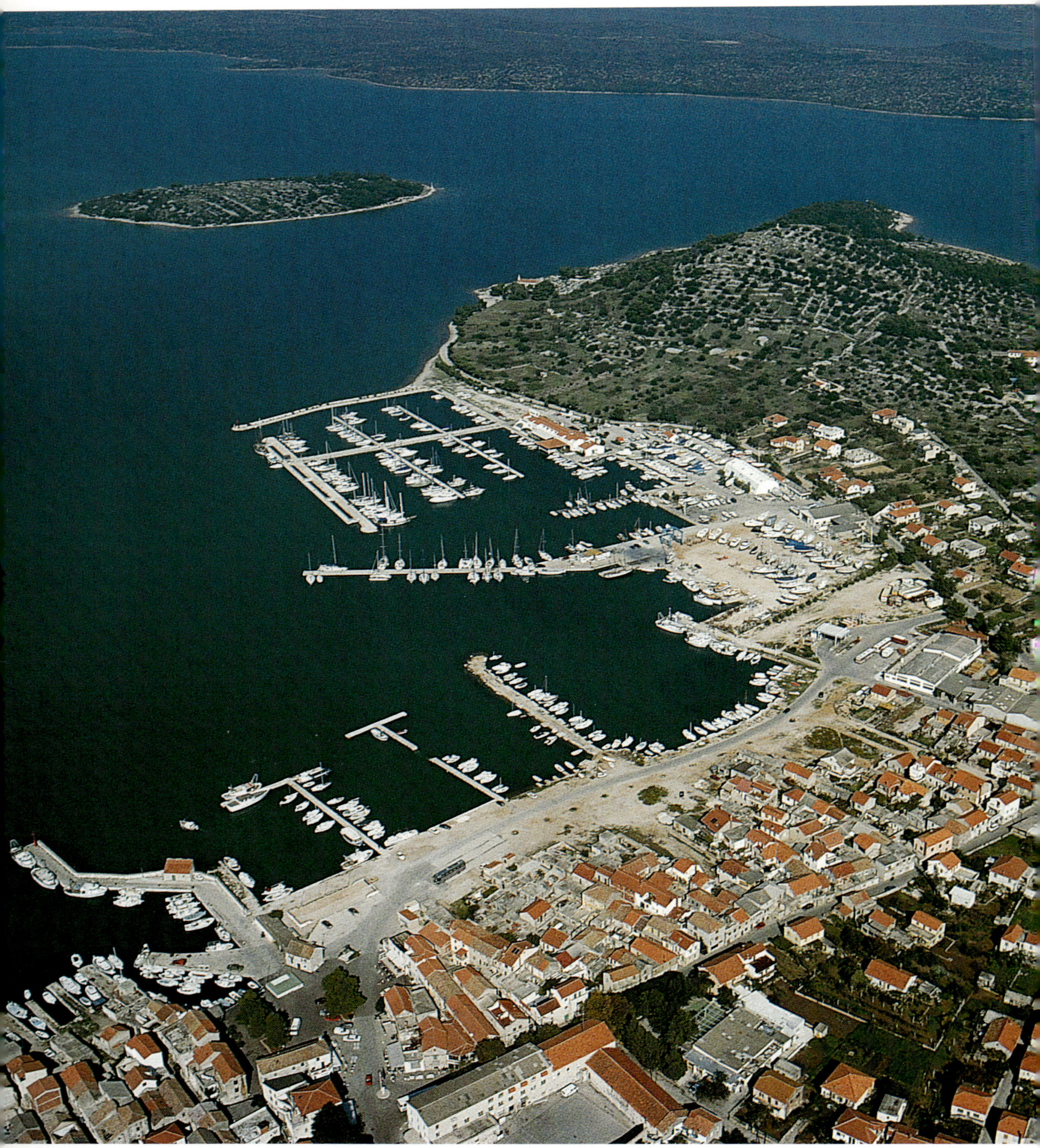

Die Marina Hramina mit dem Hauptort Murter auf der gleichnamigen Insel (links). Dem Hafen vorgelagert ist ein Gewirr von Inseln. Durch dieses Insellabyrinth muß man hindurchfinden, wenn man zu der Marina will. Hramina gilt als Tor zu den Kornaten, denn von hier ist es nur ein Katzensprung dorthin. Bei dem Sportboothafen handelt es sich um eine gepflegte Anlage, die sich durch die geschützte Lage auszeichnet.

Marina Betina auf der Insel Murter (oben), die zu einem Werftbetrieb gehört. Der kleine Hafen wurde von Jahr zu Jahr modernisiert. Es können Reparaturen jeglicher Art ausgeführt werden.

Noch im Bau: Sportboothafen in dem malerischen Fischerort Tribunj (oben).

Über den Dächern von Šibenik. Die Altstadt mit ihren vielen Sehenswürdigkeiten ist ein Erlebnis (Mitte).

Faszinierend: Auf dem cañonartigen Fluß Krka geht es von Šibenik zur Marina Skradin (rechts).

Ein großer Hafen, eine große Stadt: Vodice am Nordwestende des Šibenski-Kanals (großes Foto).

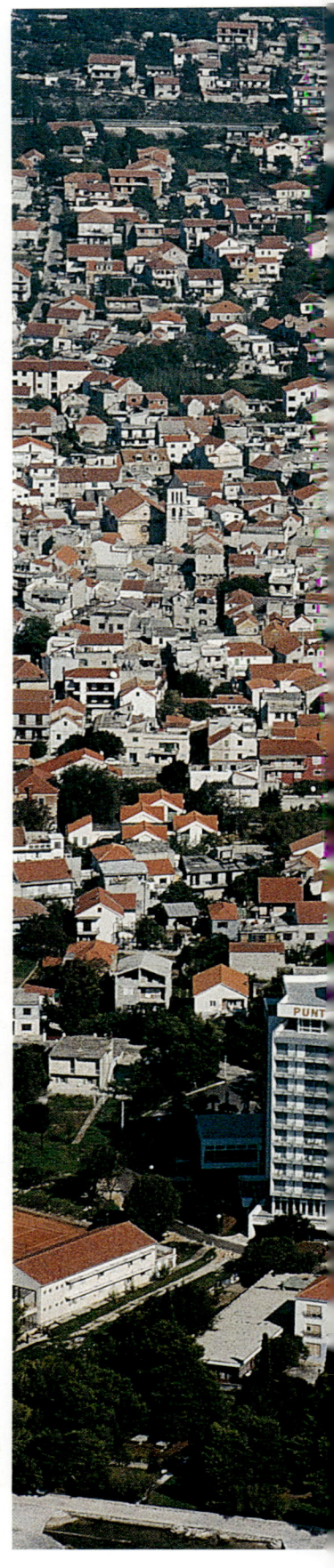

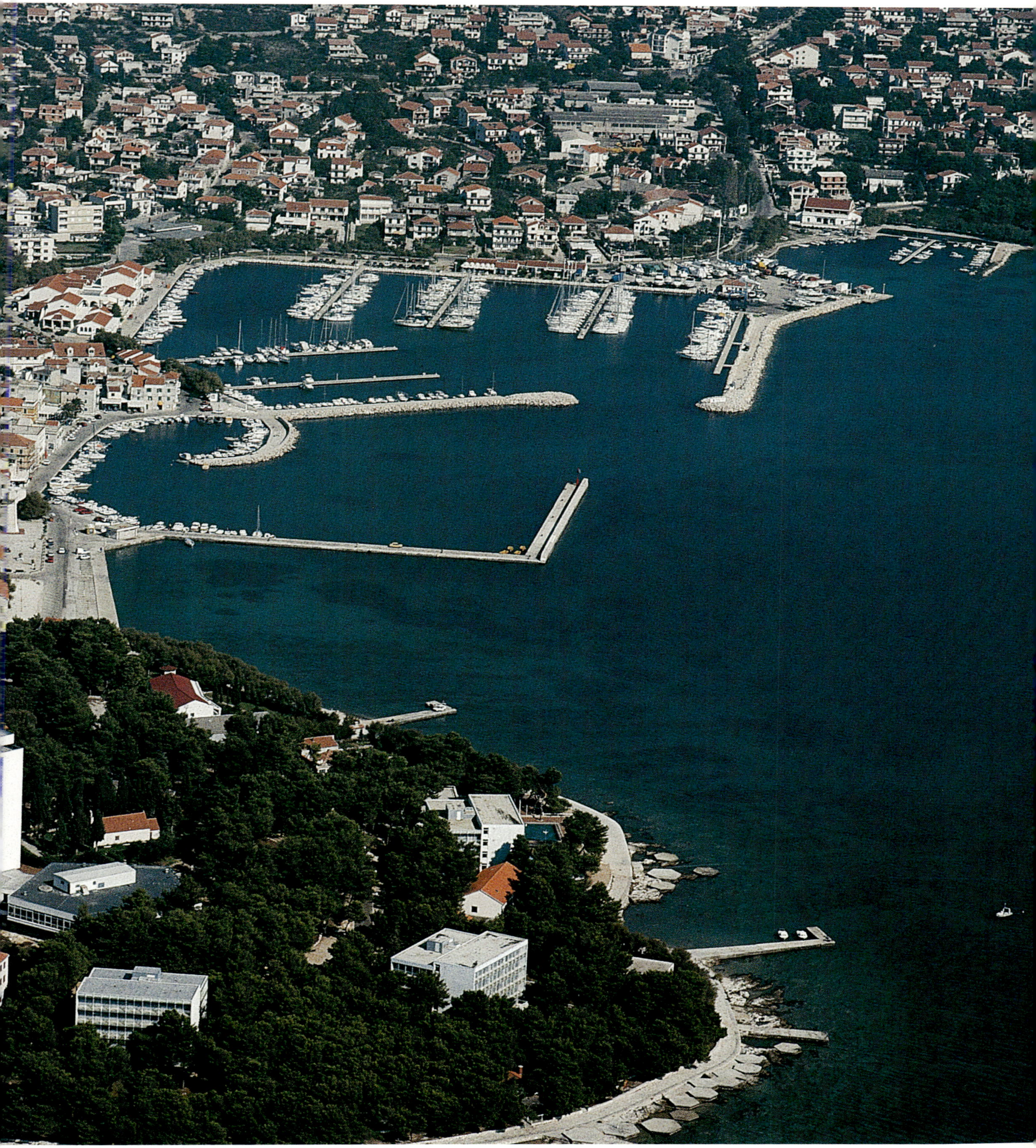

Ein Hafen im Hinterland: Die ACI-Marina Skradin, weit entfernt vom Meer und nur nach einer 15 km langen Flußfahrt auf der Krka zu erreichen, liegt inmitten eines Fjordeinschnitts in selten reizvoller landschaftlicher Umgebung. Ein Naturschauspiel ganz besonderer Art bieten die nahen Krka-Wasserfälle. Die Krka, insgesamt 72 km lang, ist ein Karstphänomen. Sie fließt während ihres gesamten Laufs durch das Kalkgestein des Karstgebietes. Die Karstlandschaft mit ihrem weiß-grauen Fels ist ein charakteristisches Erscheinungsbild des Landes.

Der Fluß entspringt am Ostrand des Kniner Feldes und überwindet auf seinem Weg zum Meer mehrere sogenannte Travertinbarrieren. Sie verdanken ihre Entstehung dem Süßwasserkalk, auch Kalksinter oder Travertin genannt, der sich an einigen Stellen über dem kalkhaltigen Flußbett der Krka zu einem Damm aufgebaut hat. Das Wasser fließt aus diesen Becken als Wasserfall ab. Der Volksmund hält indes den Fluß für Feenhaare der Diana, die bis zum Meer reichen.

Im Jahr 1985 wurde der Mittelteil der Krka, zu dem auch die Wasserfälle bei Skradin gehören, zum Nationalpark erklärt. Es gibt insgesamt acht Wasserfälle, von denen der bei Skradin mit 46 m der höchste ist.

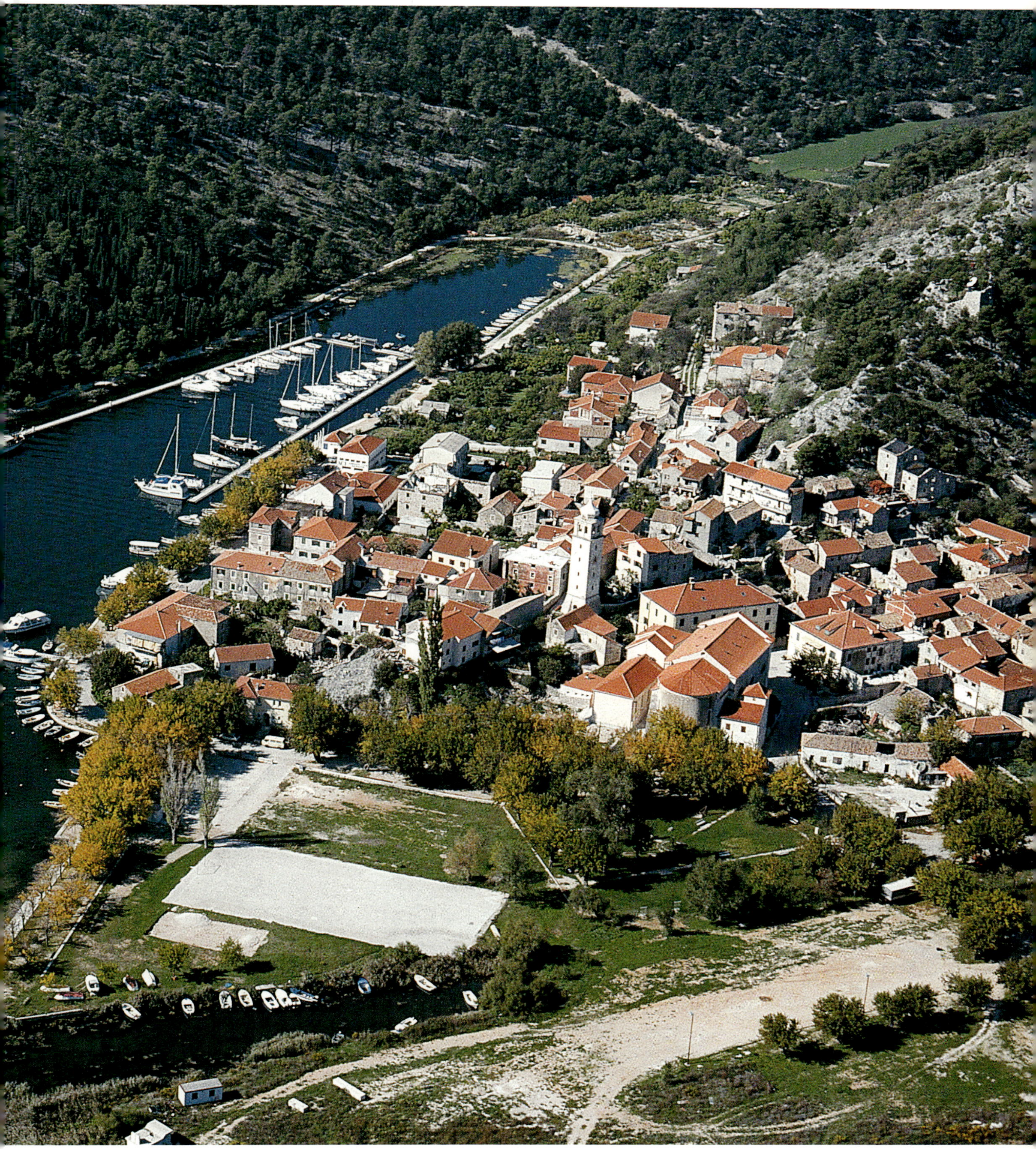

Ein idyllischer Ort, der seit Jahrhunderten von Schwammtauchern bewohnt wird: Krapanj (oben). Bei ungünstigen Witterungsverhältnissen heißt es regelmäßig auf der Insel „Land unter".

Kreisrund: Hafen und Hotelsiedlung Solaris (Zablaće) östlich der Einfahrt zum Šibenski-Kanal (unten).

Wunderschön auf einer Halbinsel gelegen: Primošten, das sich um die 500 Jahre alte Pfarrkirche auf dem Hügel schart (rechts). In früheren Zeiten war das ehemalige Fischerdorf durch eine Zugbrücke mit dem Festland verbunden. Der Damm wurde erst später gebaut.

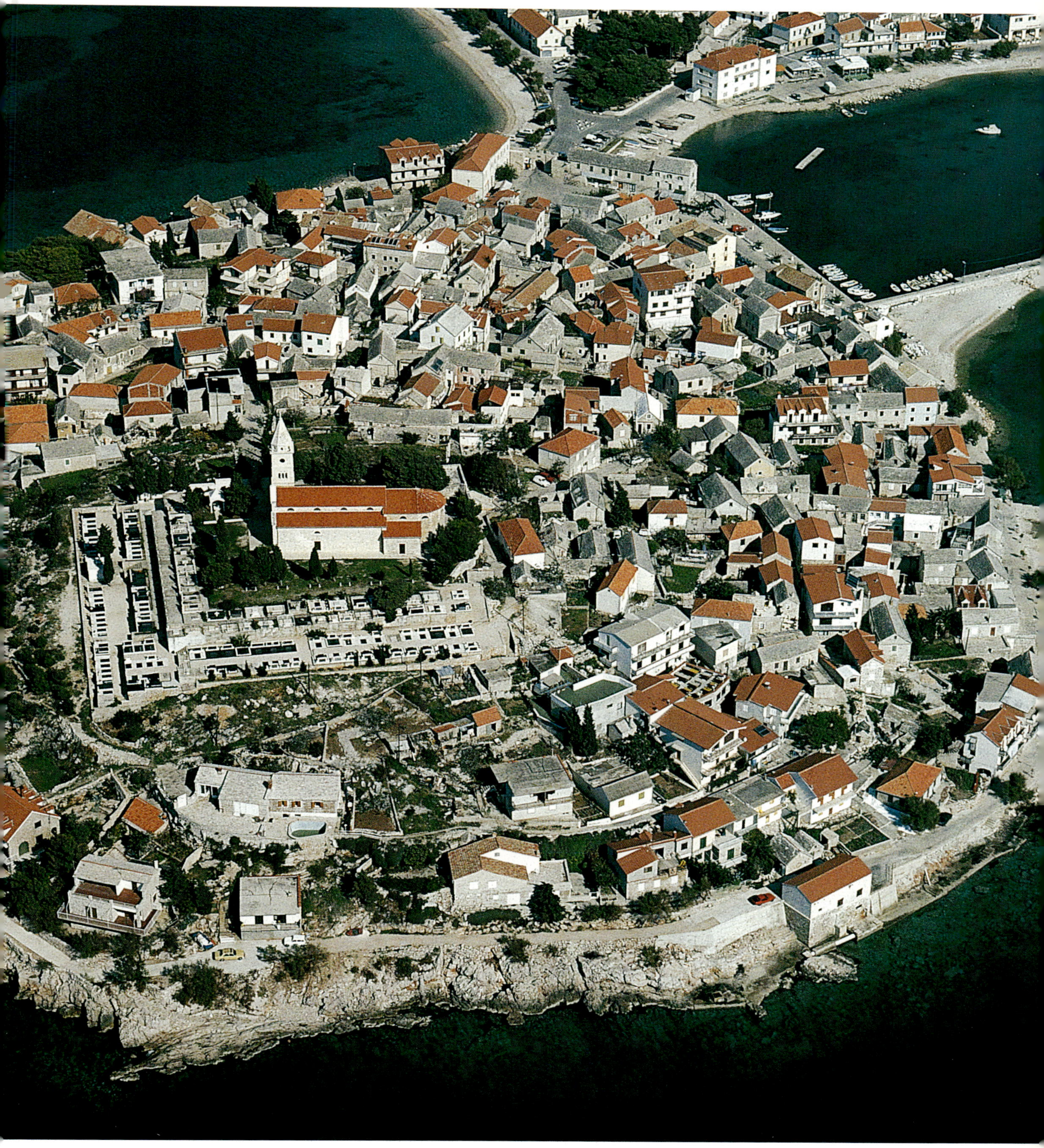

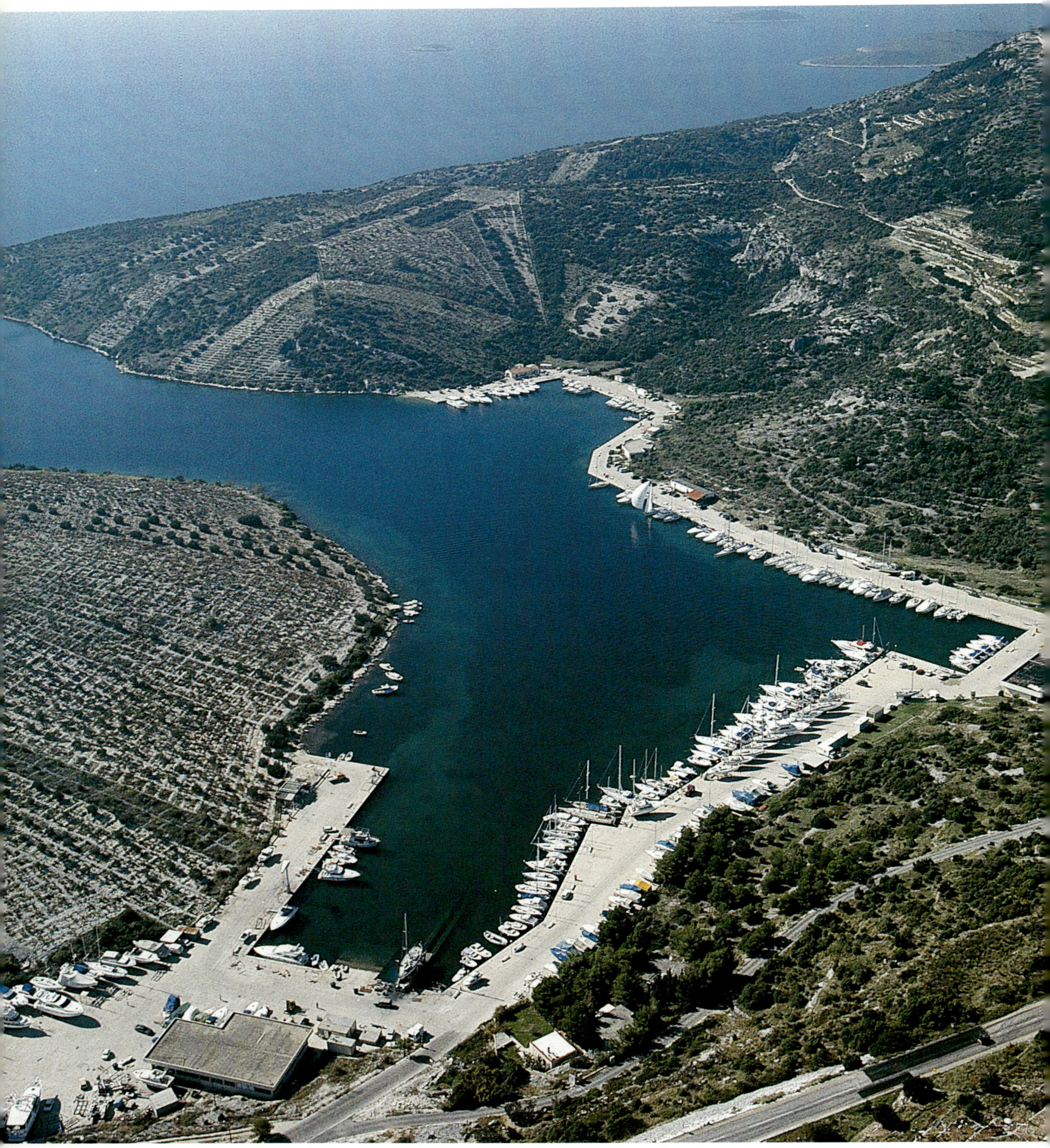

Eine von allen Seiten gegen Wind und Wellen geschützte Marina: Kremik befindet sich am Ende eines tiefen, golfartigen Einschnitts bei Primošten (links). Die Marina verfügt über viel Platz.

Eine brandneue Marina, die sich harmonisch in ihre Umgebung einfügt: Marina Frapa in der Bucht Soline bei der Ortschaft Rogoznica, einem alten Fischerdorf (oben und unten). Das maritime Zentrum mit Restaurant und Versorgungseinrichtungen wurde auf einer künstlichen Insel errichtet. Die Anlage soll zu einem Urlaubscenter mit Schwimmbad, Tennisplätzen und anderen Einrichtungen werden.

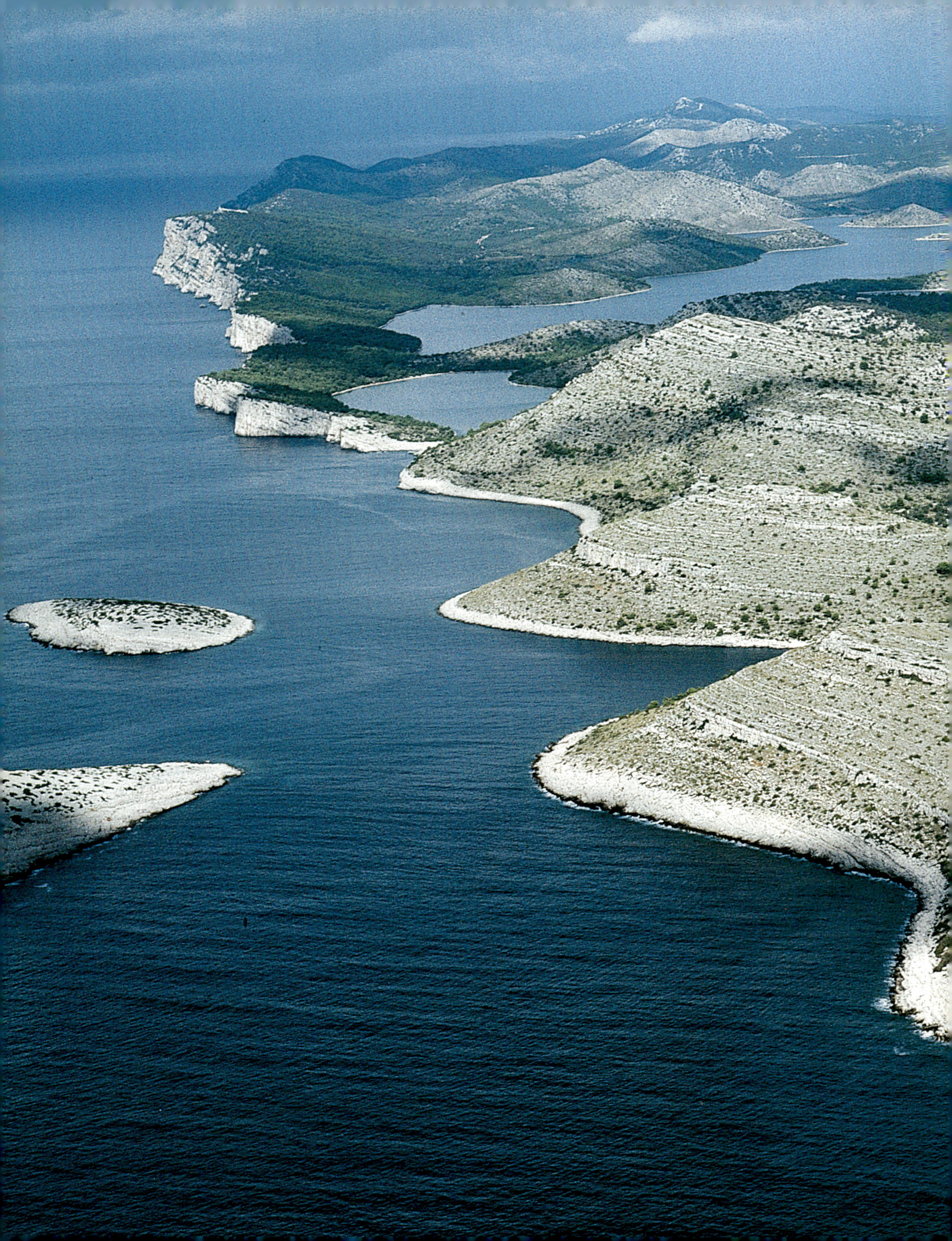

DIE KORNATEN

INSELN WIE SAND AM MEER

DIE KORNATEN

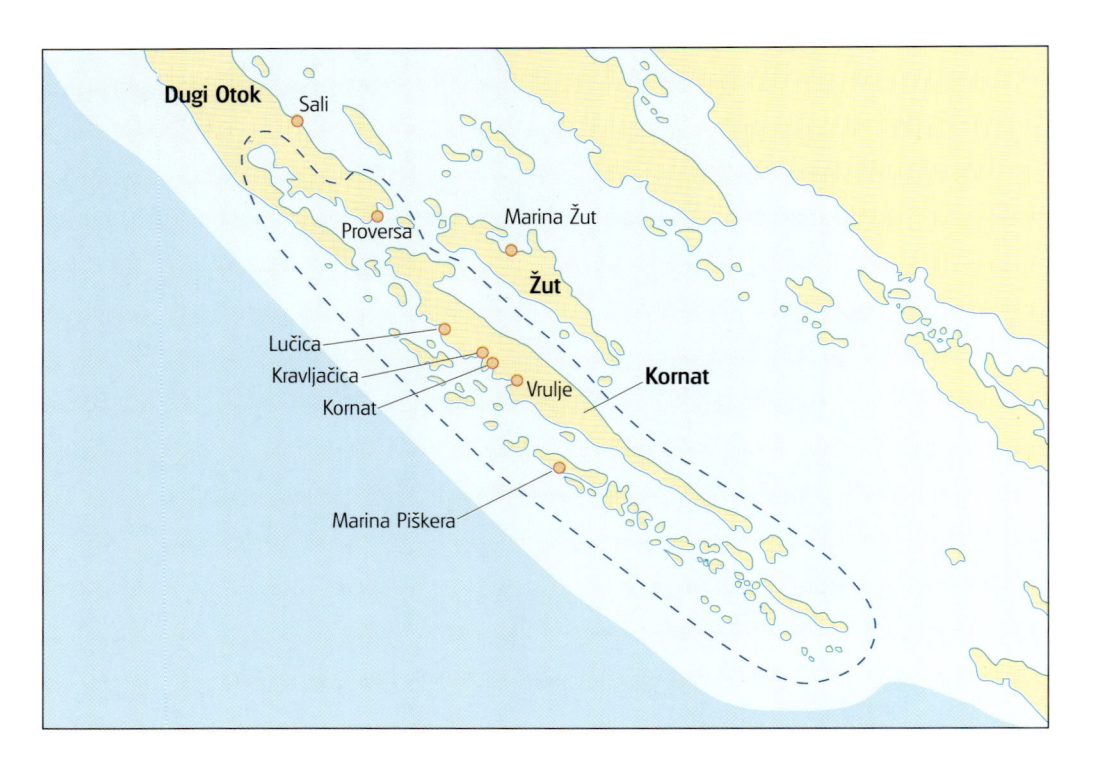

Als die Götter ihr Werk krönen wollten, schufen sie am letzten Tag aus Tränen, Sternen und dem Hauch des Meeres die Kornaten", schreibt George Bernard Shaw über die Inselkette. Wie viele Inseln, Inselchen und Klippen es genau sind, vermag niemand zu sagen. Die einen meinen 125, andere gar 150. Es kommt ganz darauf an, wo man die Trennungslinie zieht. Tatsache ist, daß sie bei einer Ausdehnung von rund 35 km Länge und 13 km Breite die größte Inselgruppe der Adria sind, eingerahmt von den Inseln Dugi Otok, Lavdara, Pašman, Vrgada, Murter und Žirje.

Ihren Namen bekamen die Kornaten von der größten Insel, von Kornat, die 25 km lang, aber nur etwas mehr als 2 km breit ist.

1980 wurde der größte Teil der Kornaten zum Nationalpark erklärt. Er umfaßt neben der Insel Kornat im Nordwesten die große Einbuchtung Telašćica auf Dugi Otok und im Südosten außer Piškera alle in dieser Richtung liegenden Eilande.

Die Kornaten werden zu Recht als Wunder der Natur bezeichnet. Sie sind ein Labyrinth aus hellem Kalkgestein, mit vom Meer umspülten und von Sonne, Wind und Regen zernagten Klippen. Die größtenteils unbewohnten, kahlen Inseln sind ein Paradies für Segler, Motorbootfahrer, Sportfischer und Unterwasserjäger. Es gibt kaum ein schöneres Törnrevier. Doch seit es den Nationalpark gibt, sind die Wassersportler auch Beschränkungen unterworfen.

Buchten und Anlegestellen, wo man ankern beziehungsweise festmachen und die Nacht verbringen kann, sind genau vorgeschrieben. Die ausgelegten roten Festmachetonnen können kostenlos benutzt werden. Für das Befahren des Nationalparks werden Gebühren erhoben. Auch für Angeln und Tauchen wird eine Gebühr verlangt. Es ist streng verboten, Abfälle ins Meer zu werfen. Für den Bordmüll wurden extra Sammelstellen eingerichtet, den man jedoch auch den Booten der Nationalpark-Verwaltung mitgeben kann.

Die Kornaten haben zum Teil ganz eigene klimatische Bedingungen. Die Fischer unterscheiden zwischen 16 verschiedenen lokalen Winden, von denen Oštar und Lebić die bekanntesten sind. Die Bora tritt hier nicht so heftig auf wie am Festland, dagegen wehen Jugo und Maestrale stärker. Ein großes Problem ist die Wasserarmut, besonders im Sommer. Fast jedes Haus hat eine Zisterne, wo das Regenwasser gesammelt wird. Obwohl die Kornaten wenig bewachsen sind, haben Biologen 200 verschiedene Pflanzenarten festgestellt. Auch die Tierwelt ist nicht so spärlich vertreten, wie es auf den ersten Blick vielleicht erscheint. So gibt es ungefähr 20 verschiedene Schneckenarten, viele Reptilien und Vögel wie Mauersegler, Möwen und vereinzelt Falken.

Die Bucht Telaščica, ein riesiger Naturhafen, der zum Nationalpark Kornaten gehört.

Vorherige Doppelseite: Inseln über Inseln – die Kornaten sind ein unvergleichliches Naturwunder.

Die Kornaten sind bekannt für großen Fischreichtum. Das Fischen war immer eine der Haupterwerbsquellen der Menschen dort. Doch häufig brachen unter ihnen heftige Streitigkeiten im Kampf um die besten Fangplätze aus. So ließ man später das Los entscheiden. Noch bis Ende des vorigen Jahrhunderts wurde nachts mit Holzfackeln auf Sardinenfang gegangen.

Das Inselgeflecht der Kornaten mit ihren zahllosen verborgenen Buchten und Felseinschnitten, die Seeräubern und Piraten einst als Verstecke dienten, gewährte im Zweiten Weltkrieg auch den jugoslawischen Partisanen Unterschlupf. Hier hielten sie ihre Schiffe verborgen, und von hier aus führten sie ihre Attacken gegen die italienische und deutsche Besatzungsmacht. An der südlichen Landzunge der Insel Smokvica Vela erinnert eine Gedenktafel an ihren Kampf.

Die Inseln sind durch aufgeschichtete Steinwälle parzelliert. Es handelt sich bei den ohne Mörtel errichteten Steinmauern um die am Mittelmeer bekannte traditionelle Trockenbauweise. Wo sich auch nur ein Krümchen Erde findet, wird versucht, dem

Boden etwas Pflanzliches abzuringen. Die Bewohner von Murter, in deren Besitz die Kornaten zu 90 Prozent sind, haben sich stets als Hirten und Bauern betätigt. Dagegen waren die Bewohner von Sali auf Dugi Otok schon immer Fischer.

Die Geschichte der Kornaten ist eng verbunden mit dem Kampf der Inselbewohner gegen Armut und Hunger. Heutzutage setzt man große Hoffnungen in den Tourismus. Den Anfang hat der ACI mit zwei Marinas gemacht. Eine Anlegestelle mit 180 Liegeplätzen wurde auf der Insel Piškera gebaut, die andere mit 120 Plätzen auf Žut. Beide Bootshäfen, die nur während der Urlaubssaison im Sommer geöffnet sind, befinden sich in reizvoller Umgebung. Es sind die einzigen Plätze in der Inselwelt, wo die Crews gute Versorgungsmöglichkeiten finden.

Die Bucht Telašćica im südöstlichen Teil der Insel Dugi Otok gehört mit zum Schönsten, was die Kornaten anzubieten haben. Der Name kommt von Tres lacus (drei Seen), womit Tripuljak, Farfarikulac und

Telašćica gemeint sind, weil sie, obwohl miteinander verbunden, den Eindruck von in sich abgeschlossenen Gewässern erwecken. Die Riesenbucht, ringsum von bewaldeten Höhen eingeschlossen, ist in ihrer Gesamtheit ein imposanter Naturhafen, der wegen seines binnenseeartigen Charakters absoluten Schutz bietet. Telašćica ist 8 km lang und an der engsten Stelle nur 150 m breit.

Die nördlichen Einfahrten in die Bucht sind Proversa (Durchfahrt) Mala zwischen den Inseln Dugi Otok und Katina sowie Proversa Vela zwischen Katina und Kornat. Beide Passagen sind sehr eng und sollten nur am Tag befahren werden. Proversa Vela hat etwa 2,3 m Wassertiefe, Proversa Mala lediglich 1,4 m. Es muß mit größter Aufmerksamkeit navigiert

Segeln in den Kornaten – ein einmaliges Erlebnis. Durch die ineinander verschachtelten Inseln werden Wind und Wellen gezähmt. Man segelt, wie hier vor der Insel Kornat (Bildmitte: Ravni Žakan), wie auf einem Binnensee.

werden. Die Küste der Hauptinsel der Kornaten, Kornat, ist kahl und steinig. Im Norden ist sie weniger gezackt, im Süden stärker. Das Leben auf dieser Insel ist der Sonnenseite zugewandt. Deshalb finden sich die meisten Anlegeplätze auch an der Südwestküste.

Es heißt, daß es in den Kornaten so viele Buchten gibt wie das Jahr Tage hat. Wer will, findet jeden Tag einen neuen Ankerplatz, auch wenn man mit seiner Yacht Monate in dem Inselgewirr unterwegs ist.

Inselbarriere: Nordspitze der Insel Kornat mit der Ankerbucht Suhi rt (großes Foto). Links davon die Durchfahrt Proversa Vela zwischen Kornat und dem Inselchen Katina.

Betonnte Durchfahrt Proversa Mala zwischen Dugi Otok und der Insel Katina (unten links): Die Passage ist zeitweilig gesperrt wegen Baggerarbeiten zur Vertiefung der Fahrrinne.

Vrulje, die größte Siedlung der Insel Kornat (unten rechts). Alte Dokumente belegen, daß hier schon immer Fischer, Bauern und Schäfer seßhaft waren.

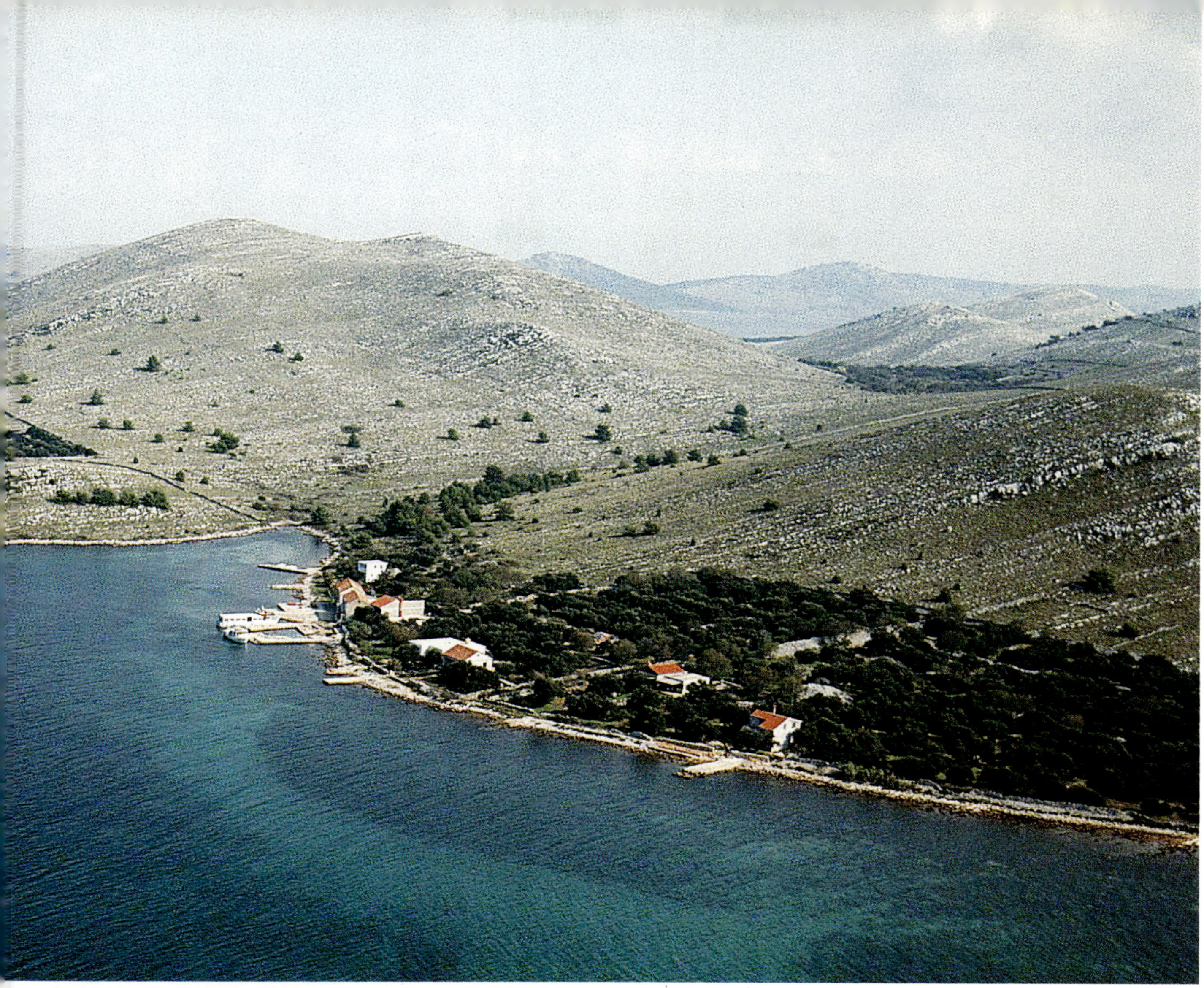

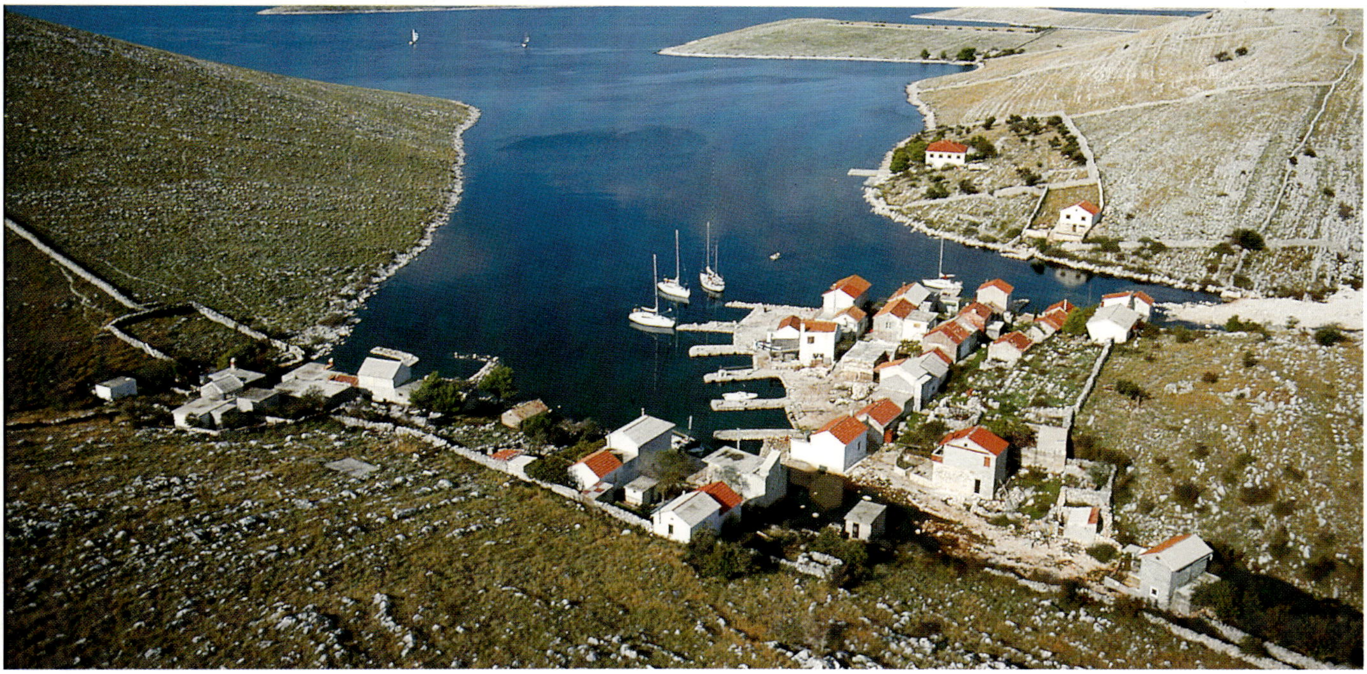

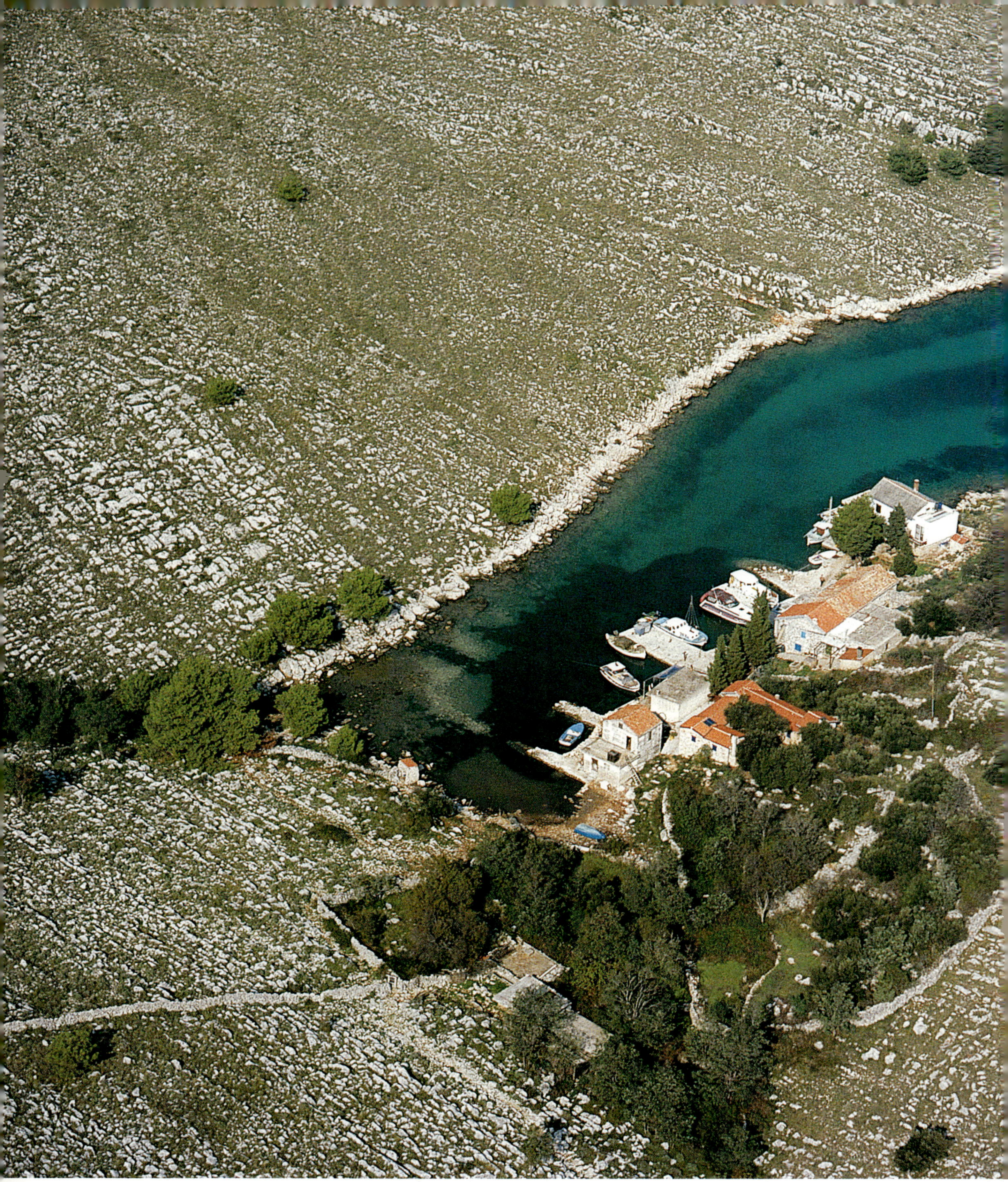

Lupeščina, eine der vielen Ankerbuchten, wie es sie zuhauf gibt in den Kornaten: ein langer, schmaler Schlauch, der flach ausläuft. Am Ufer eine Handvoll Häuser, davor kleine Anleger. Nur etwas Grün ziert die ansonsten kahle, steinige Insellandschaft an der Nordwest-Spitze von Korrnat.

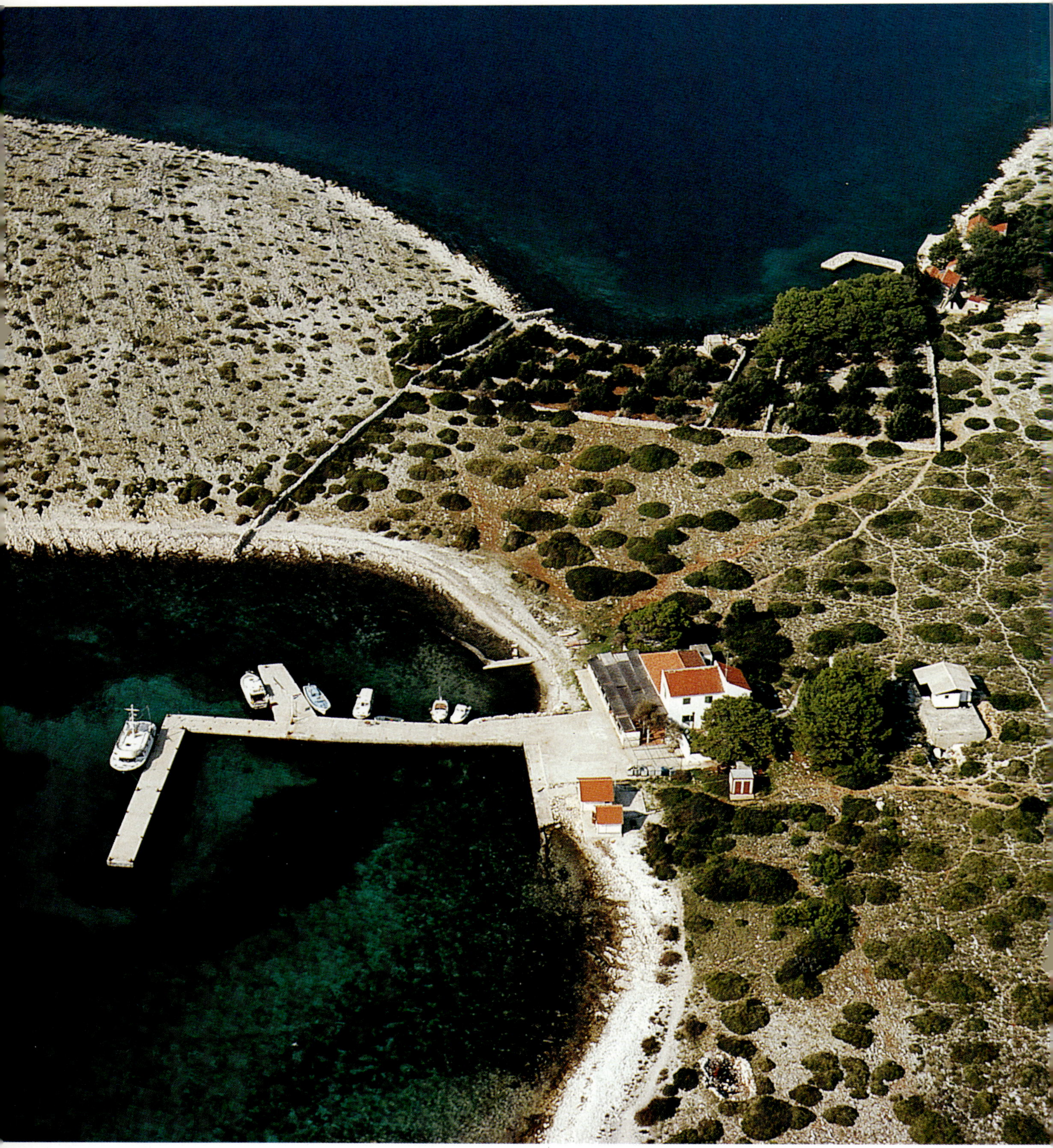

Bucht an der Südseite der Kornateninsel Ravni Žakan mit L-förmiger Pier und Restaurant (großes Foto). In der NW-Bucht der Insel unterhält der Club Méditerranée eine Ferienanlage.

Kornaten-Ankerplatz Lučica (oben): Am Ufer erkennt man deutlich die aufgeschichteten Steinwälle. Es ist die übliche Form der Grundstücksmarkierung in den Kornaten für Felder und Weideflächen.

Ankerplatz in einer hufeisenförmig umschlossenen Bucht: Lavsa auf der gleichnamigen Insel (links). Der Fisch in den Tavernen kommt hier frisch aus dem Meer auf den Tisch.

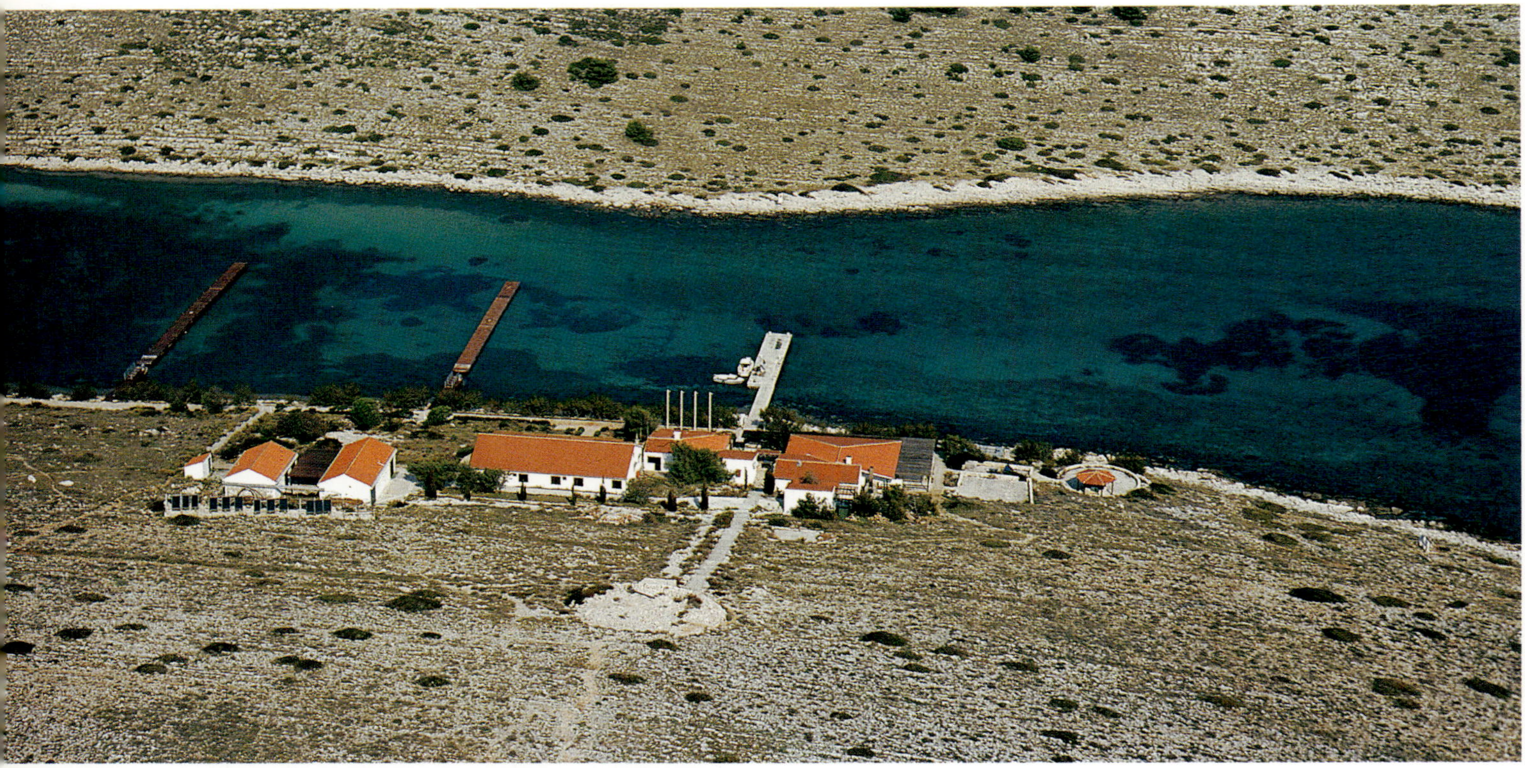

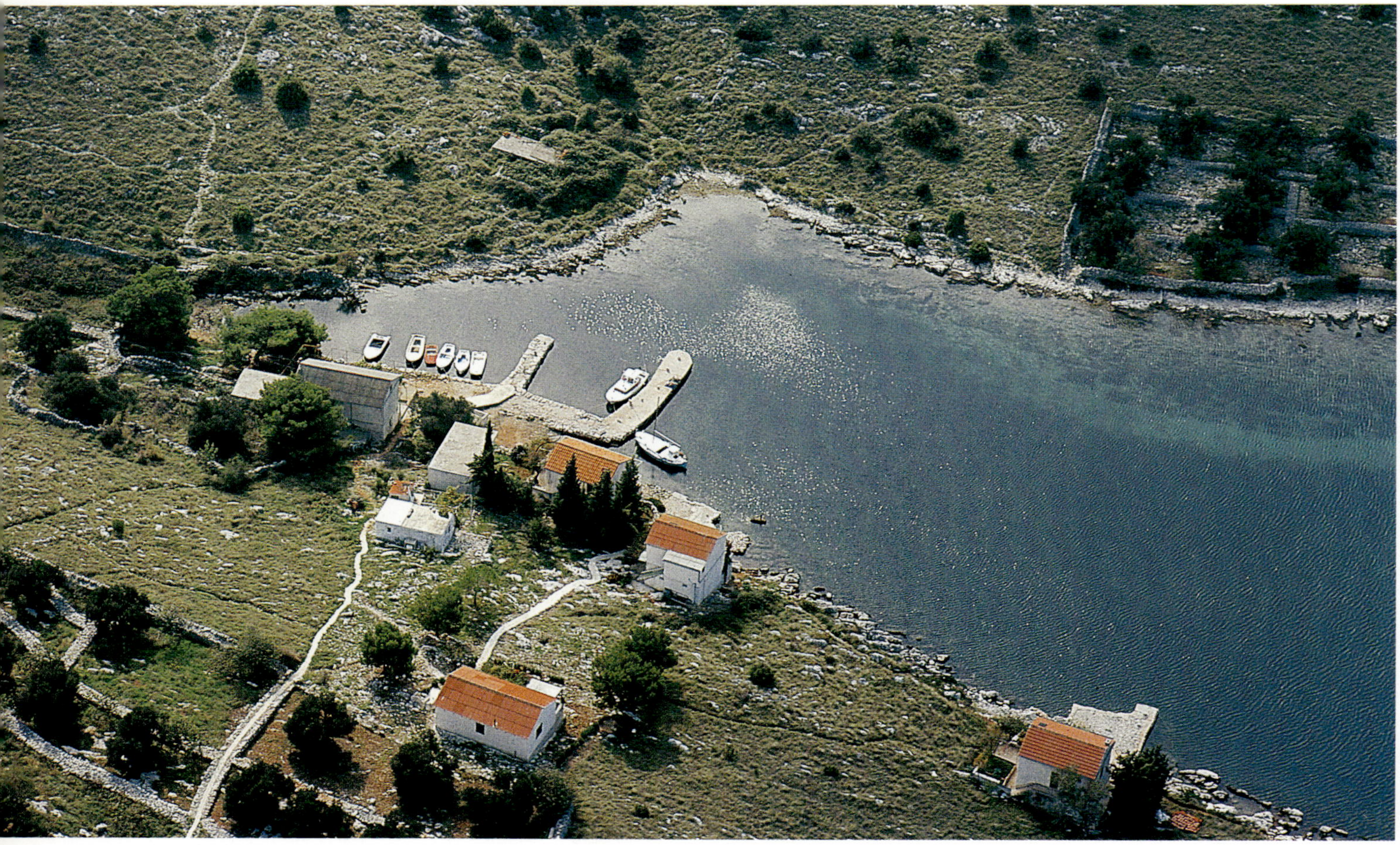

Nur in den Sommermonaten in Betrieb: ACI Marina Piškera (links oben). Eine Seltenheit in der kargen Inselwelt – hier werden alle Komfortansprüche erfüllt.

Bizikovica an der Nordwest-Spitze von Žut (links unten): Die Häuser sind größtenteils nur im Sommer bewohnt. Mit ihren kleinen Booten fahren die Bewohner zum Fischfang hinaus.

Schmaler, spitzer Einschnitt auf der Insel Žirje: Bucht Mikavica (großes Foto). Das Meer ringsum gilt als fischreich.

Fischerboote dicht an dicht im Hafen von Sali, dem Hauptort von Dugi Otok. Die Bewohner haben sich seit jeher einen Namen als tüchtige Fischer gemacht. Der Wellenbrecher bietet nur ungenügenden Schutz bei auflandigem Wind.

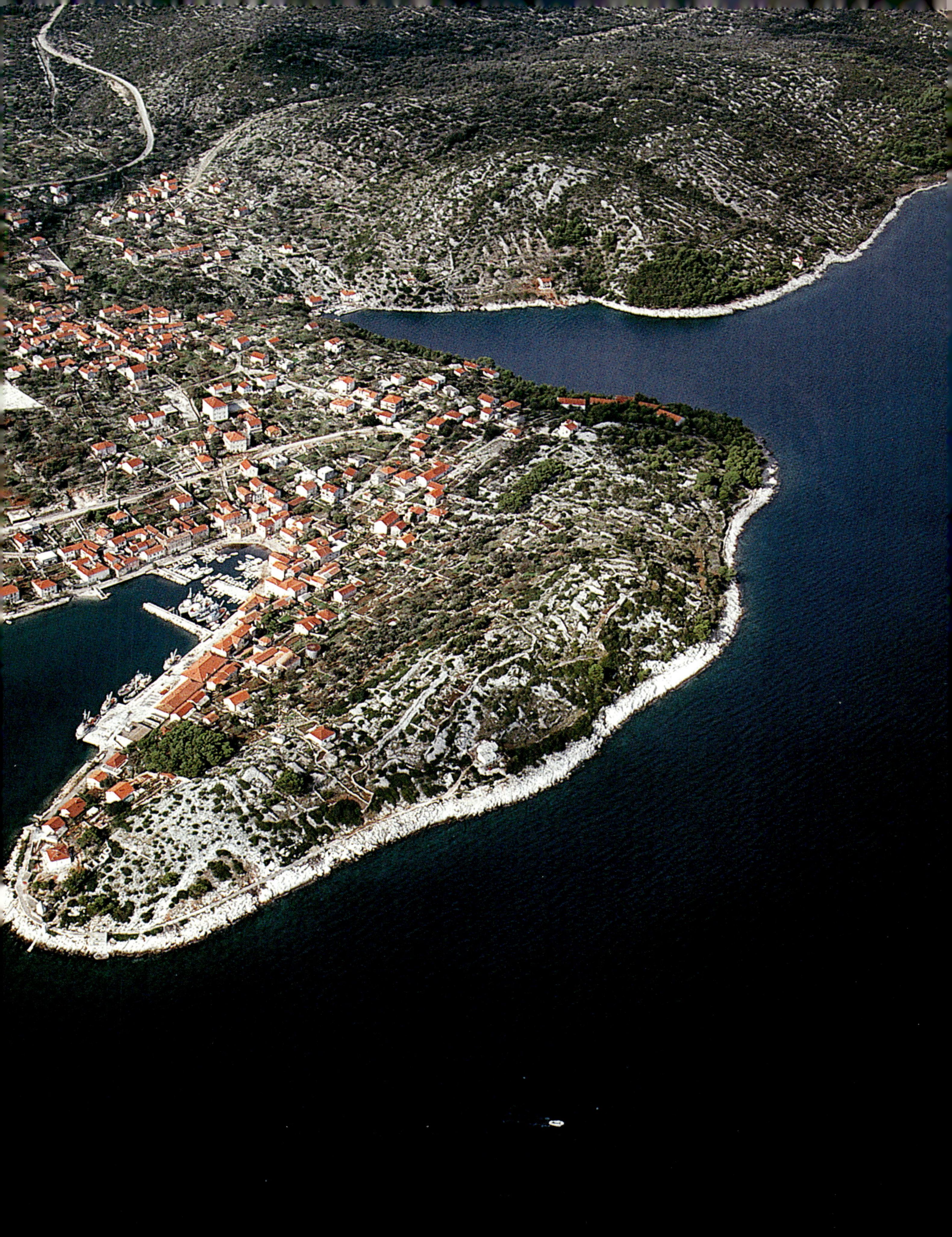

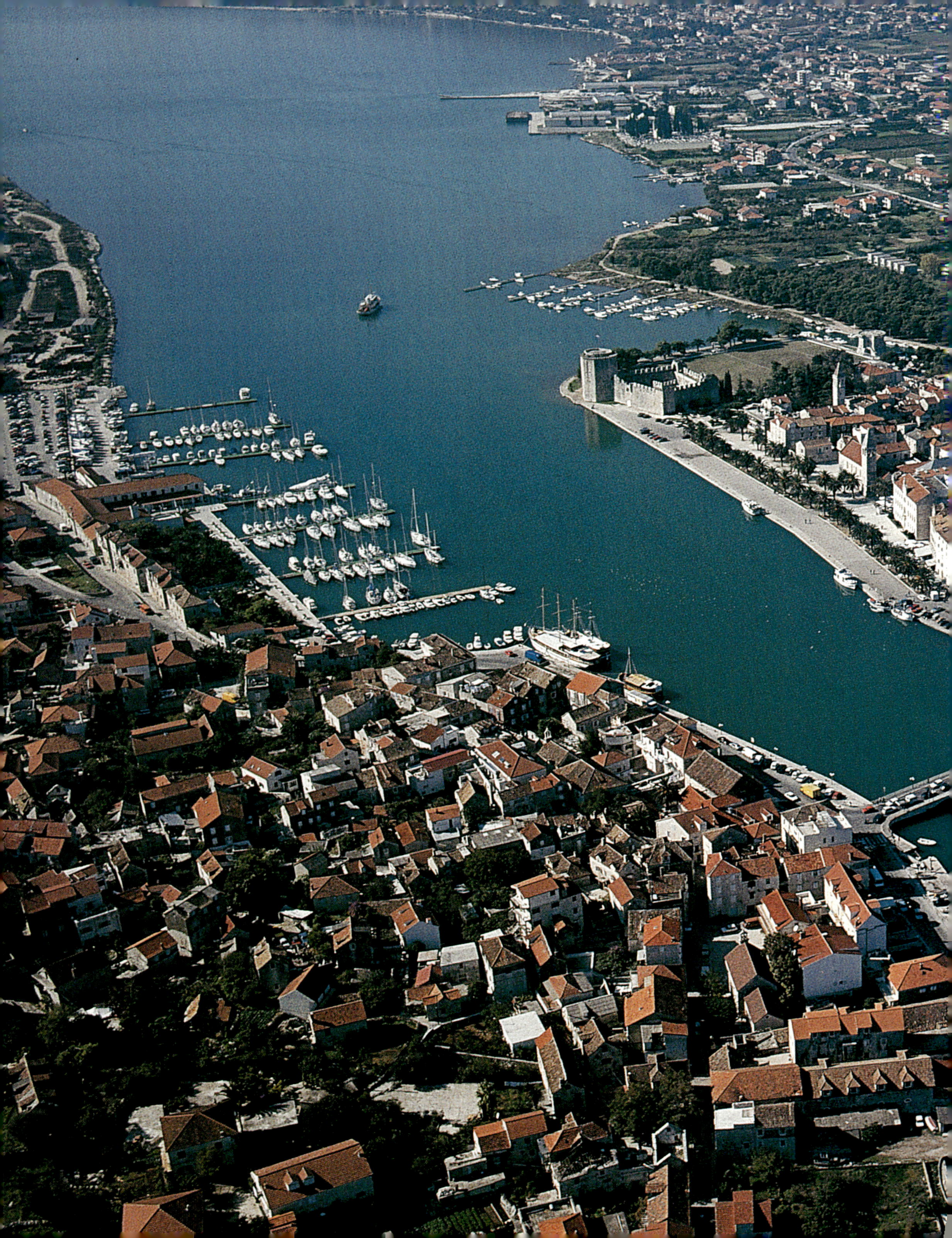

MITTELDALMATIEN

VON TROGIR BIS MAKARSKA – UND DIE INSELN BRAČ, HVAR, VIS

MITTELDALMATIEN

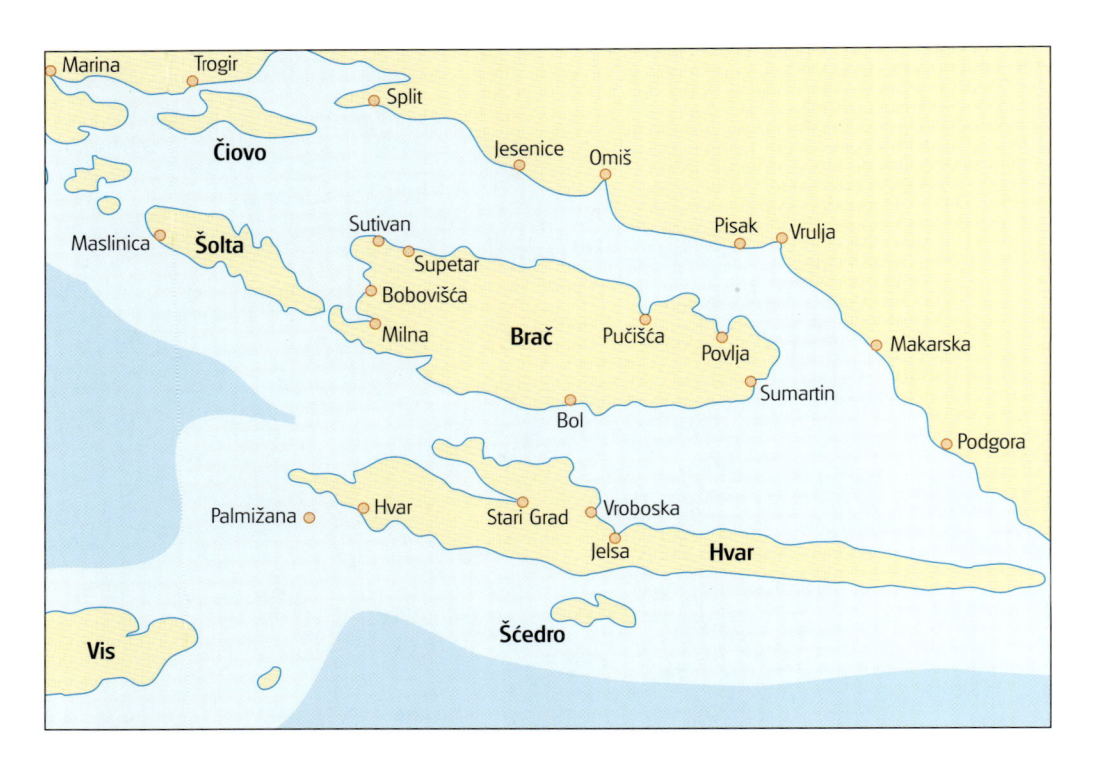

Mit der historischen Stadt Trogir beginnt Mitteldalmatien. Das Gebiet umfaßt Split, die Hauptstadt Dalmatiens, und reicht an der Küste bis zur Makarska-Riviera und Ploče. Dazu gehören auch die Inseln Brač, Hvar und Vis. Charakteristisch sind die unzähligen kleinen Buchten und winzigen Fischerorte, das saubere Meer und milde Klima sowie die günstigen Winde. Ein Segeltörn wird hier zu einem ganz besonderen Erlebnis.
Ausgangspunkt für eine Bootsreise zu den vorgelagerten Inseln ist für viele (Charter-)Crews die alte Stadt Trogir nahe dem internationalen Flughafen von Split, wo es eine ACI-Marina mit 205 Liegeplätzen für Yachten jeder Größe gibt. Die Altstadt wurde auf einer Insel erbaut.
Von allen dalmatinischen Orten hat Trogir, das im venezianischen Stil erbaut wurde, seinen mittelalterlichen Charakter am besten bewahrt. Auf Schritt und Tritt trifft man in den verwinkelten Gassen, welche die ganze Stadt durchziehen, auf viele Zeugnisse der Vergangenheit: Paläste und Säulengänge, Kirchen, Klöster und Kastelle, die alten Stadttore und andere Meisterwerke venezianischer und kroatischer Baukunst. Trogir ist eine Museumsstadt. Mit dem Yachthafen hat hier auch die Moderne Einzug gehalten.
Wirtschafts-, Kultur- und Handelszentrum Dalmatiens, Drehscheibe des Verkehrs zu Wasser, zu Lande und in der Luft und, wie viele auch sagen, Mittelpunkt des Adriatischen Meeres – das ist Split. Eine Großstadt mit knapp 170 000 Einwohnern und zugleich eine Urlaubsstadt von südlich-heiterer Prägung mit einer langen und ereignisreichen Geschichte. Die Spliter Bürger sind im ganzen Land bekannt für ihre unbeschwerte Lebensart.
Wenn man sich der Stadt von See her nähert, erblickt man die Silhouette eines langgezogenen Häusermeeres vor einem gewaltigen Bergpanorama. Je näher man jedoch kommt, desto deutlicher tritt der große Handelshafen mit seinem weiten Becken und dem historischen Stadtkern hervor. Eine gute Ansteuerungshilfe ist der hohe, schlanke Glockenturm der Kathedrale.
Yachten müssen in der Marina des Adriatic Croatia International Club (ACI) festmachen, die (einlaufend gleich Backbord) der Halbinsel Sustipan vorgelagert ist. Es ist in Mitteldalmatien die größte und leistungsfähigste Marina mit 500 Liegeplätzen, die sich auch gut zum Überwintern eignet.
Split ist eine Stadt voller Leben. Berühmt ist sie vor allem wegen des Diokletian-Palastes, den sich der römische Kaiser Diokletian im 4. Jahrhundert als luxuriösen Altersruhesitz bauen ließ und dessen Kellergewölbe und Mauern mit den Ecktürmen und Toren weitgehend erhalten geblieben sind. Es ist das

größte antike Baudenkmal der östlichen Adriaküste. Der Palast bildet den Kern der winkligen Altstadt, die Geschäftszentrum, Treffpunkt und Flaniermeile ist. Split ist auch Tor zur Inselwelt und Kreuzungspunkt des Tourismus. Über eine Länge von rund 50 km dehnt sich in südöstlicher Richtung die Makarska-Riviera aus, die mit zu den bekanntesten Urlaubsgebieten gehört. Überquert man den Splitski-Kanal, der ostwärts in den Brački-Kanal übergeht, erreicht man Brač, Kroatiens höchste Insel (Berg Vidova gora, 779 m). Sie ist auch eine der am dichtesten bewohnten Inseln. Bis zur Jahrhundertwende zählte man noch 29 000 Bewohner, jetzt sind es nur noch 12 000.

Der Brački-Kanal ist ein gefürchtetes Starkwindgebiet. Bisweilen erreicht die Bora hier Sturmstärke und weht aus allen Richtungen. Vor Boraböen muß man aber auch im Sommer auf der Hut sein, da sie überfallartig auf eine Yacht hereinbrechen können.

Brač, 40 km lang und zwischen 5 und 14 km breit, ist die drittgrößte Adriainsel. Die Mehrzahl der verträumten Küstenorte und Häfen verteilt sich auf die Nord- und Westküste. Supetar ist der wichtigste Fährhafen von Brač.

Dagegen hat sich Milna an der Westseite von einem alten Weinhafen zu einem neuzeitlichen Nautikzentrum gewandelt. Das typisch dalmatinische Städtchen mit Winkelgassen und einer zauberhaften Altstadt, deren Häuser aus dem berühmten, in alle Welt exportierten Brač-Stein errichtet wurden (z. B. auch das Weiße Haus in Washington), gab den idealen Rahmen für eine ACI-Marina ab.

Der Hafen liegt am Ende

Das alte Trogir. Von allen Städten Mitteldalmatiens hat Trogir seinen mittelalterlichen Charme am besten bewahrt. Man wandelt wie in einem Museum. Das berühmteste Bauwerk ist die dreischiffige Kathedrale des Hl. Laurentius mit dem Stadtplatz.

Vorherige Doppelseite: Trogir, eine Stadt-Insel, wird auch als Klein-Venedig bezeichnet. Mittlerweile hat auch die Neuzeit Einzug gehalten – in Form einer modernen ACI-Marina.

An der Adria-Magistrale unweit von Trogir: Küstenort Marina mit neuer Marina Agana (rechts).

Dorf und Bucht Drvenik an der Nordwestseite der Insel Drvenik Veli (unten). Hier soll die Marina Zirona mit 140 Liegeplätzen für Yachten bis 15 m Länge gebaut werden. Der Wellenbrecher ist bereits fertig.

Split – das Wirtschafts-, Kultur- und Handelszentrum Dalmatiens (rechts außen): Die Stadt dehnt sich um das riesige Hafenbecken aus; unmittelbar am Wasser die Altstadt mit dem berühmten Diokletian-Palast und der Kathedrale mit dem hohen schlanken Glockenturm. Im Vordergrund die ACI-Marina, der größte Yachthafen im weiten Umkreis.

einer tief einschneidenden Bucht und hat 170 Liegeplätze. Er dient im Sommer vor allem als Transithafen. Mit einem Superlativ kann auch die Nachbarinsel Hvar aufwarten. Sie ist mit 68 km Kroatiens längstes Eiland (Breite nur 4 bis 11 km) und nach der Statistik zugleich das sonnigste (2718 Sonnenstunden im Jahr). Hvar wurde zwei Jahrhunderte von Venedig beherrscht, was an den alten venezianischen Bauten erkennbar ist, am deutlichsten in dem gleichnamigen Hauptort am Westende der Insel. Die wunderschöne Altstadt steckt voller Kostbarkeiten. Schon von weitem sind die Festungsbauten auf der Anhöhe über der Stadt zu erkennen. Vom Hafen blickt man auf die große Piazza, dazu Dom und Glockenturm, das älteste Theater des Landes (1612) und andere historische Bauten. Die schmalen Gassen sind vollgestopft mit einer Vielzahl von Lokalen, mit gemütlichen Weinstuben und Tavernen.

Hvar ist eine Stadt, die vom Tourismus beherrscht wird. Yachten finden nicht immer einen Liegeplatz in dem Hafen. Sehr viel ruhiger liegt man auch in der ACI-Marina Palmižana, nur zwei Meilen vom Stadthafen entfernt. Die Marina ist jedoch nur im Sommer in Betrieb.

An der Nordseite der Insel, die mit üppiger Vegetation gesegnet ist, gibt es noch mehrere Ansteuerungspunkte: in dem vier Meilen tiefen Golf Stari Grad die älteste Siedlung der Insel. Die Altstadt schart sich mit ihren schmalen Gassen um den geschützten Hafen. Ferner das Fischerstädtchen Jelsa (bei Bora wenig Schutz) und Vrboska, das auch als Venedig Dalmatiens bezeichnet wird. Der Ort hat eine lange Tradition als Hafenstadt, die im Stil unserer Tage nunmehr mit einer modernen ACI-Marina fortgeführt wird.

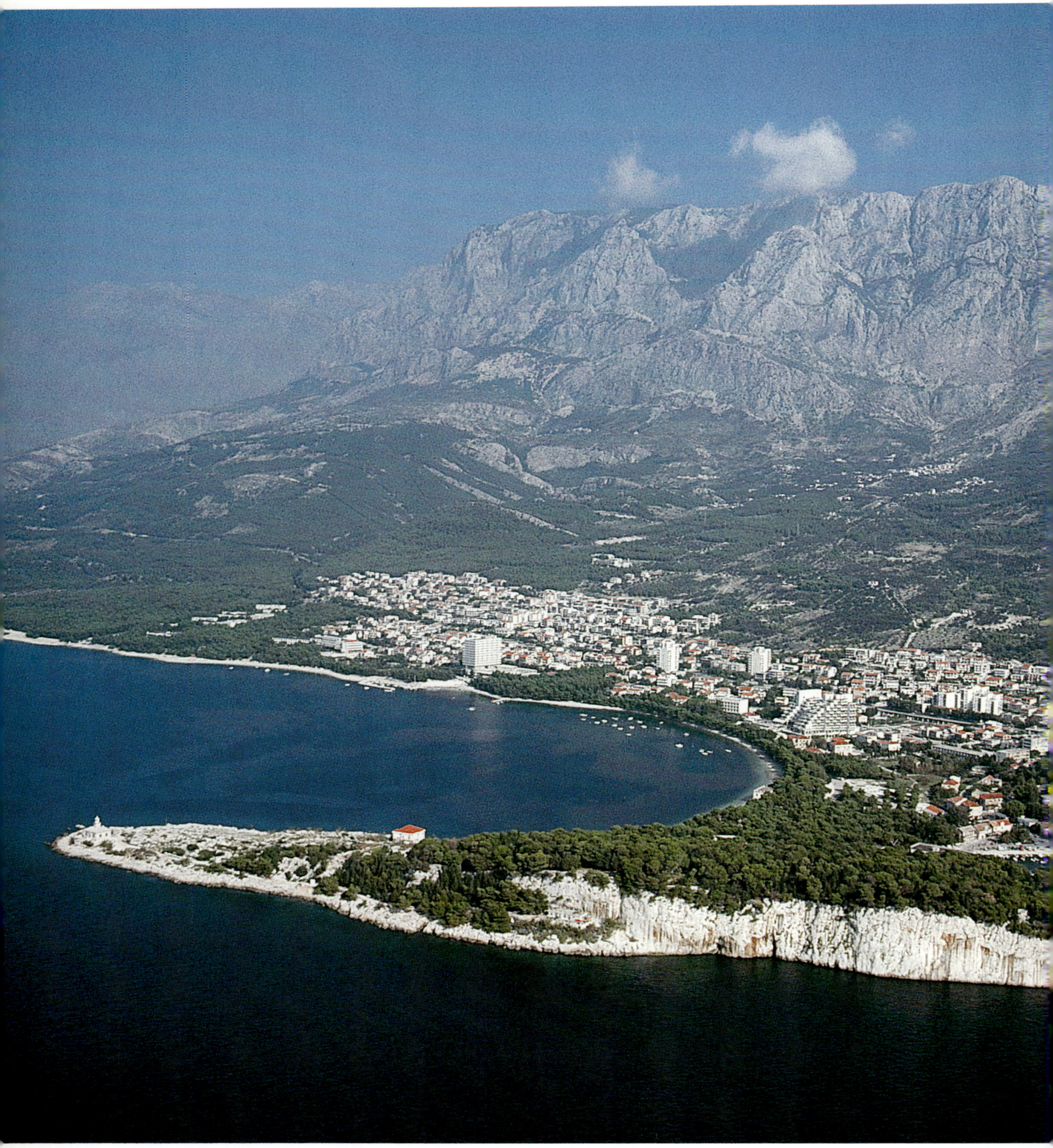

Mittelpunkt der Makarska-Riviera: die Stadt Makarska zu Füßen des Biokovo-Massivs (großes Foto und oben).

Von einem kleinen Fischerdorf hat sich Makarska innerhalb weniger Jahre zu einem bedeutenden Touristenort entwickelt. Der Bau einer großen Marina im Schutz der vorspringenden Halbinsel ist seit langem geplant.

Yachthafen an der Makarska-Riviera, der 1988 seinen Betrieb aufnahm: Tučepi. Die kleine, aber feine Marina in einem beliebten Ferienort, umsäumt von dichtem Tannenwald und Olivenhainen, hat rund 200 Liegeplätze (unten).

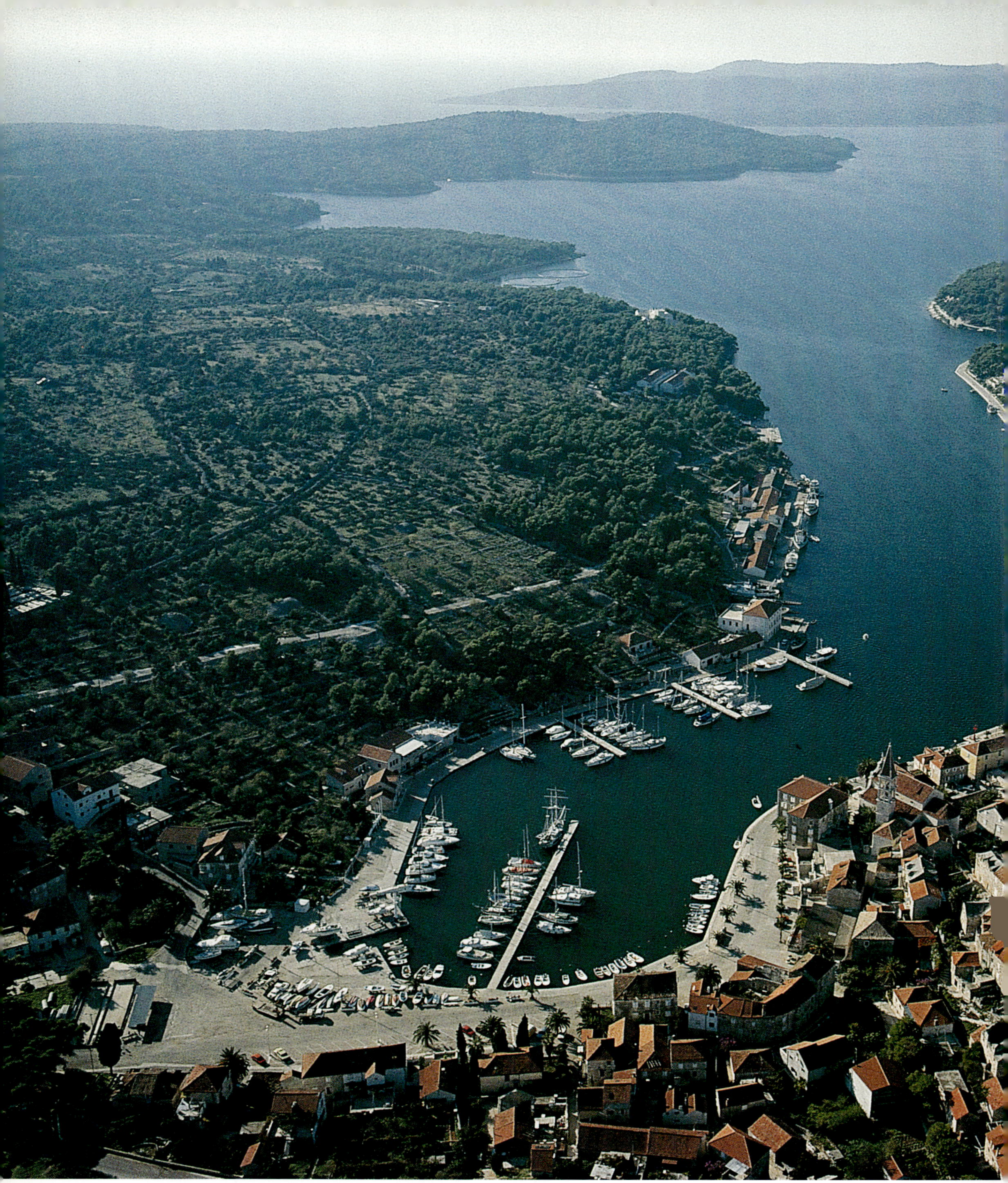

Gleichzeitig mit der Unabhängigkeit Kroatiens tauchten zwei Eilande in den Reiseprospekten auf, die vorher, weil militärisches Sperrgebiet, ein Dasein im Schatten ihrer Inselschwestern geführt hatten. Eine davon ist Vis, die am weitesten von der Küste Mitteldalmatiens entfernte Insel. Sie ist mit einer tropischen Vegetation und berühmten Weinen gesegnet und weist eine buchtenreiche Küste auf. Hauptort ist Vis (2800 Einwohner) mit einem weiten Hafen, der zu einer Marina ausgebaut werden soll. Komiža (2600 Einwohner) am südwestlichen Ende der Insel, ebenfalls mit einem großen Hafen, ist das bedeutendste Fischverarbeitungszentrum des Landes. Die Insel ist eine unberührte Naturoase.

Eine weite Bucht mit vorgelagerten Inseln, im Inneren ein typisch dalmatinischer Ort: Milna auf der Insel Brač hat viel zu bieten. Eine zauberhafte Altstadt mit Winkelgassen und eine ACI-Marina. Sie wird im Sommer von vielen Yachten auf der Durchreise angelaufen.

Ruhig und geschützt: ACI-Marina Milna im hintersten Winkel der Hafenbucht (oben). Die Hafengebäude wurden dem traditionellen Baustil des Ortes angepaßt.

Dieses ist keine Südseeinsel oder ein Bild aus der Karibik (großes Foto). Die Landzunge aus goldgelbem Sand ist vielmehr ein Partikel der Insel Brač. Zlatni rat (Goldenes Horn) ist der berühmteste Badestrand Kroatiens in der Nähe von Bol, dem bekanntesten Urlaubsort der Insel (rechts).

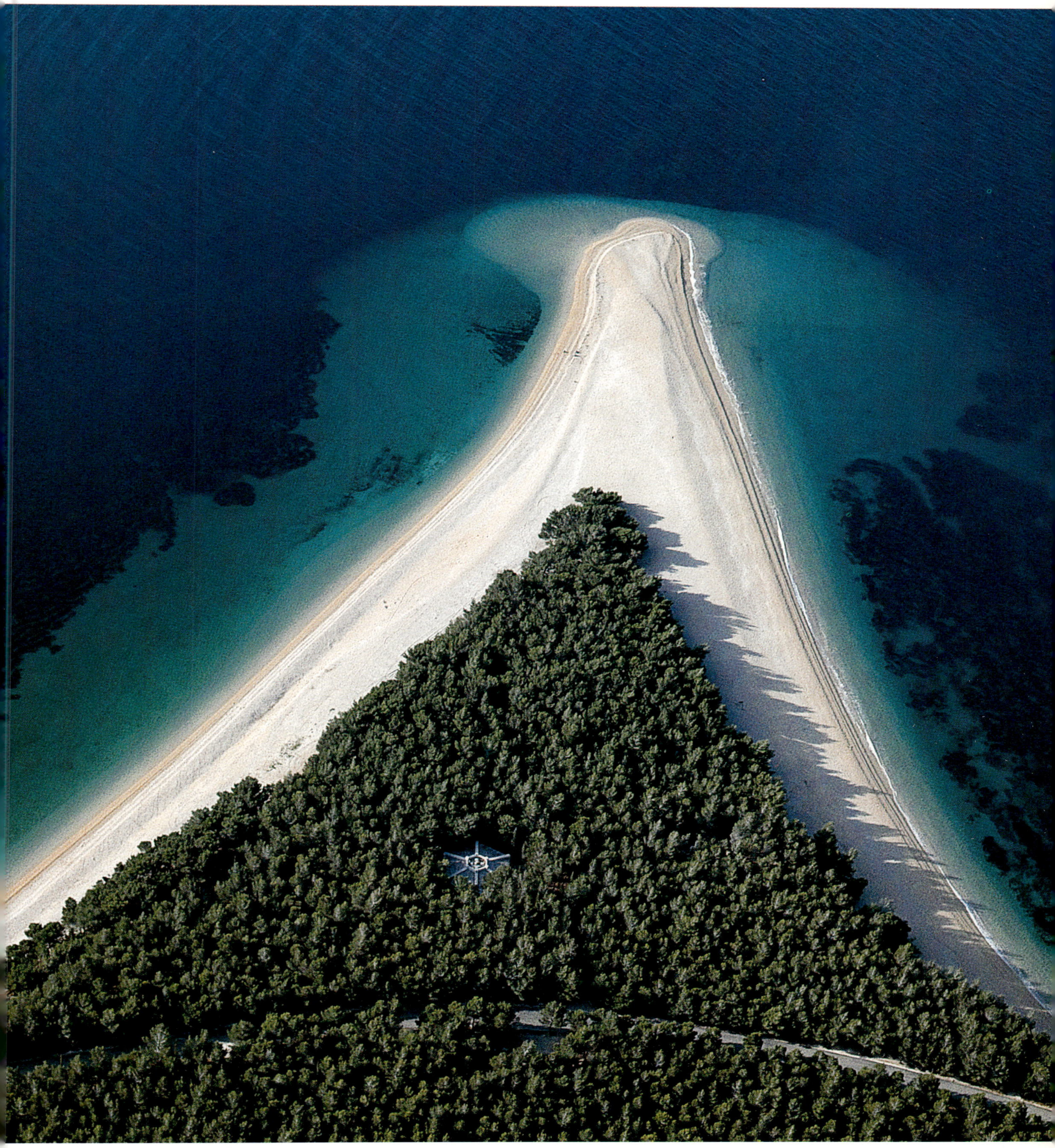

Hauptort der Insel Brač: Supetar, ein Städtchen mit 2000 Einwohnern (oben). Hier kommen die Fähren aus Split an. Yachtplätze gibt es an der inneren Pier.

Ein kleiner bezaubernder Hafenort im Nordwestteil der Insel Brač: Sutivan (unten). Yachten bis 3 m Tiefgang können den Hafen ansteuern.

Ein kleiner Hafenort an der Westseite der Insel Brač: Bobovišća (rechts). Yachten können am Kai vor der Häuserfront anlegen.

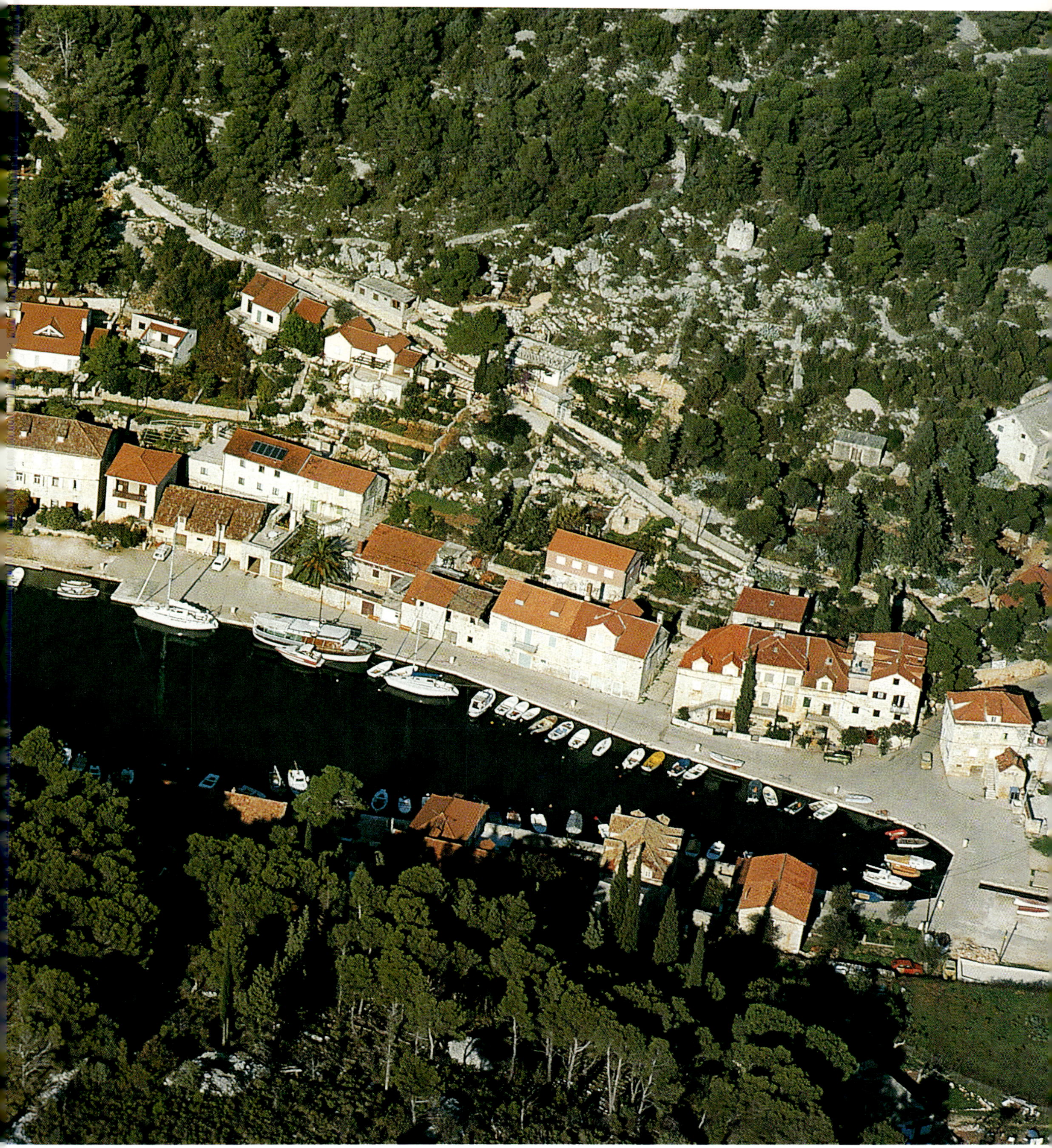

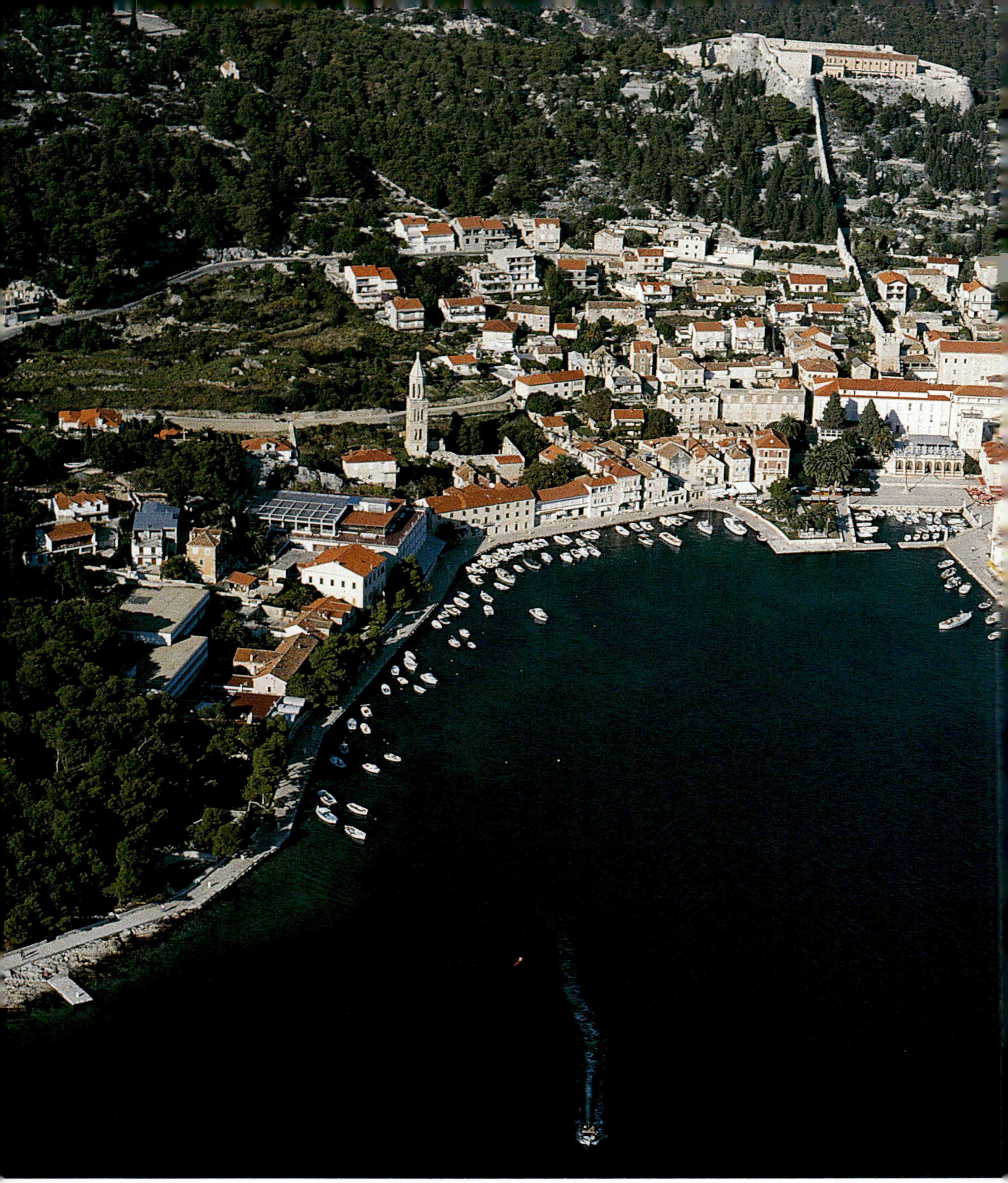

Das „adriatische Madeira": Hvar ist eine sehenswerte Stadt und voller Leben (links). Schon von weitem sind die Befestigungsbauten zu erkennen. Von der See umtost: Felseiland Pokonji Dol südöstlich der Stadt Hvar (oben). Das Leuchtfeuer weist Schiffen den Weg in den Pakleni-Kanal.

Palmižana, eine rechtwinklig geformte Bucht an der Nordseite der Insel Sv. Klement, 2 sm westlich von Hvar, mit einer ACI-Marina. Die Bucht gehört zu den Pakleni Otoci, einer grünen Inselkette mit vielen Ankerplätzen (unten).

Stari Grad am Starigradski-Golf ist die älteste Siedlung der Insel Hvar (rechts). An den Ufern gibt es viele Ankerplätze und große Hotelkomplexe. Die Altstadt dehnt sich mit ihren engen Gassen und Straßen tief drinnen am Hafen aus.

Jelsa ist ein altes Fischerstädtchen an der Nordküste von Hvar, das sich zu einem bedeutenden Touristenort entwickelt hat (unten). Über den Hafen wurde einst ein Großteil des Warenverkehrs abgewickelt. Der Hafen bietet bei Bora wenig Schutz.

Vrboska ist ein malerischer Ort auf der Insel Hvar an einem gewundenen Meeresarm, der tief in das Land eingreift. Der Schiffahrt diente Vrboska schon immer als Zufluchtsstätte. Es gibt kaum einen sichereren Ort. Am linken Bildrand erkennt man den Kai der ACI-Marina (großes Foto).

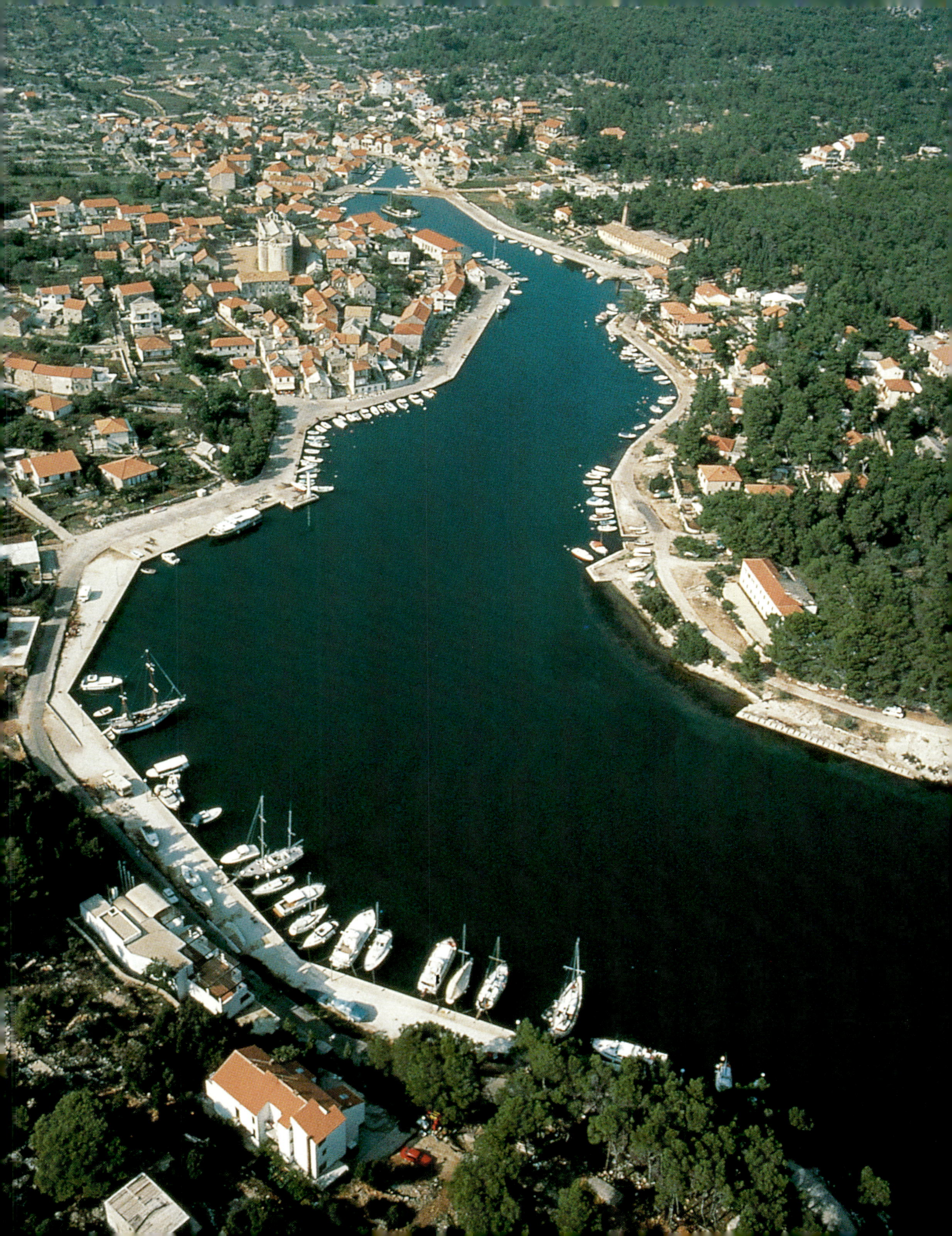

Vis, der Hauptort der Insel gleichen Namens (oben): Eine Stadt, die schon zu griechischer und römischer Zeit eine wichtige Rolle spielte. Seit die Insel für Besucher nicht mehr gesperrt ist, machen immer mehr Yachten an den Kais fest. An den Liegeplätzen wurden Versorgungsboxen mit Strom- und Wasseranschlüssen installiert.

Insel Host mitten in der Viška-Bucht (unten). Der achteckige Steinturm weist mit seinem Leuchtfeuer den Weg in den Hafen Vis.

Komiža, Stadt an der Westseite der Insel Vis (rechts). Ein mächtiges Kastell von 1585 überragt weithin sichtbar den Hafen.

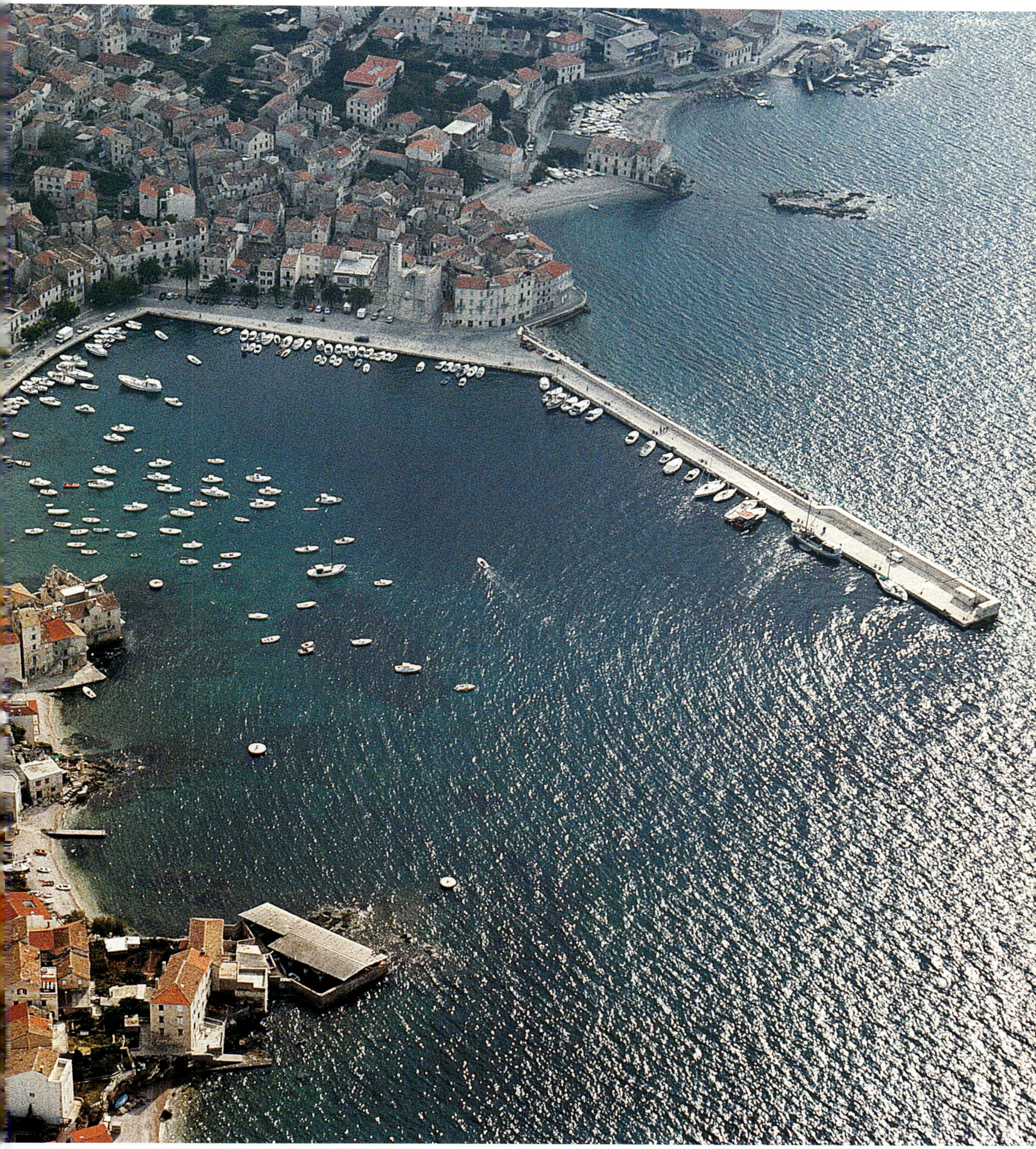

SÜDDALMATIEN

KÜSTE BIS DUBROVNIK – UND DIE INSELN KORČULA, LASTOVO, MLJET

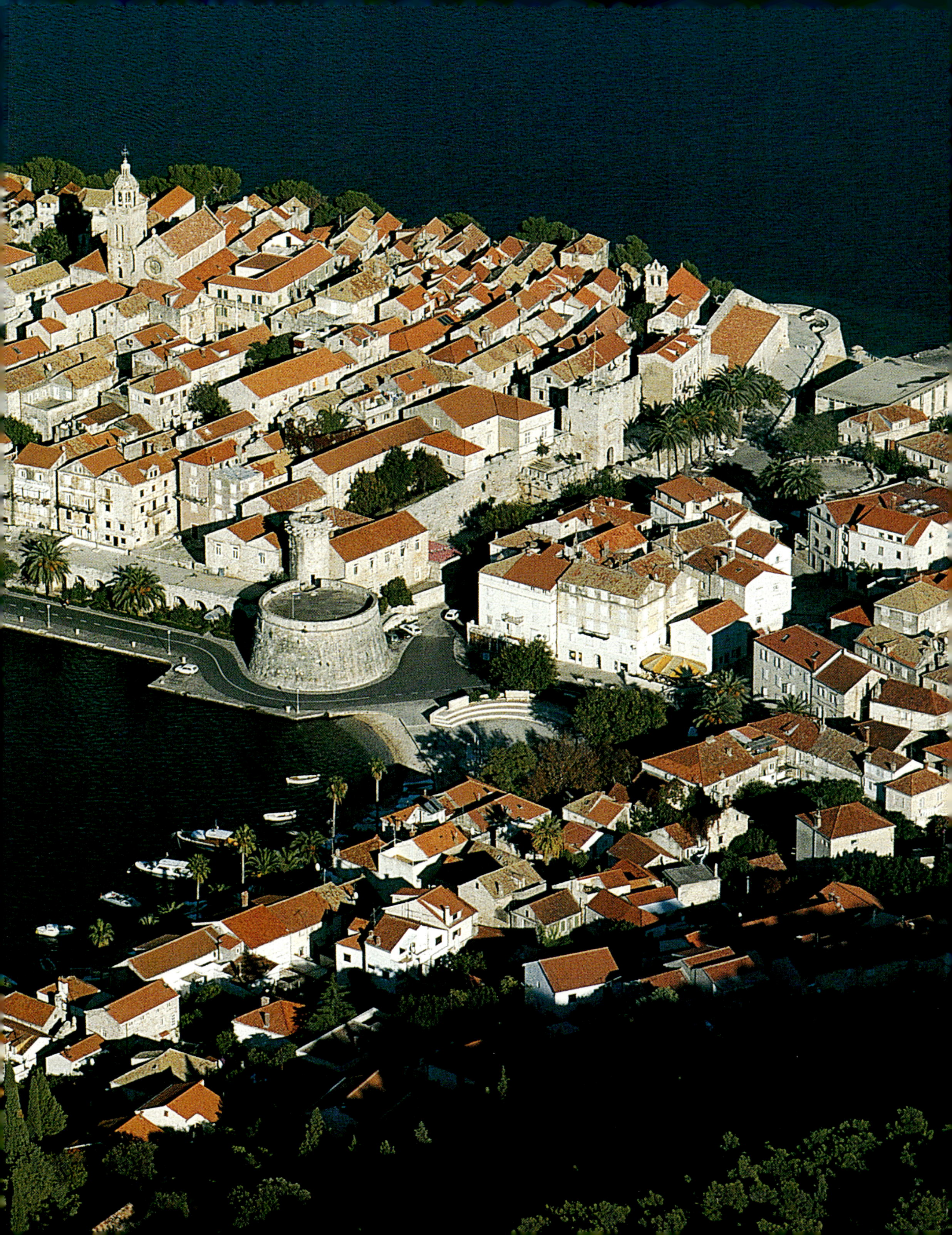

SÜDDALMATIEN

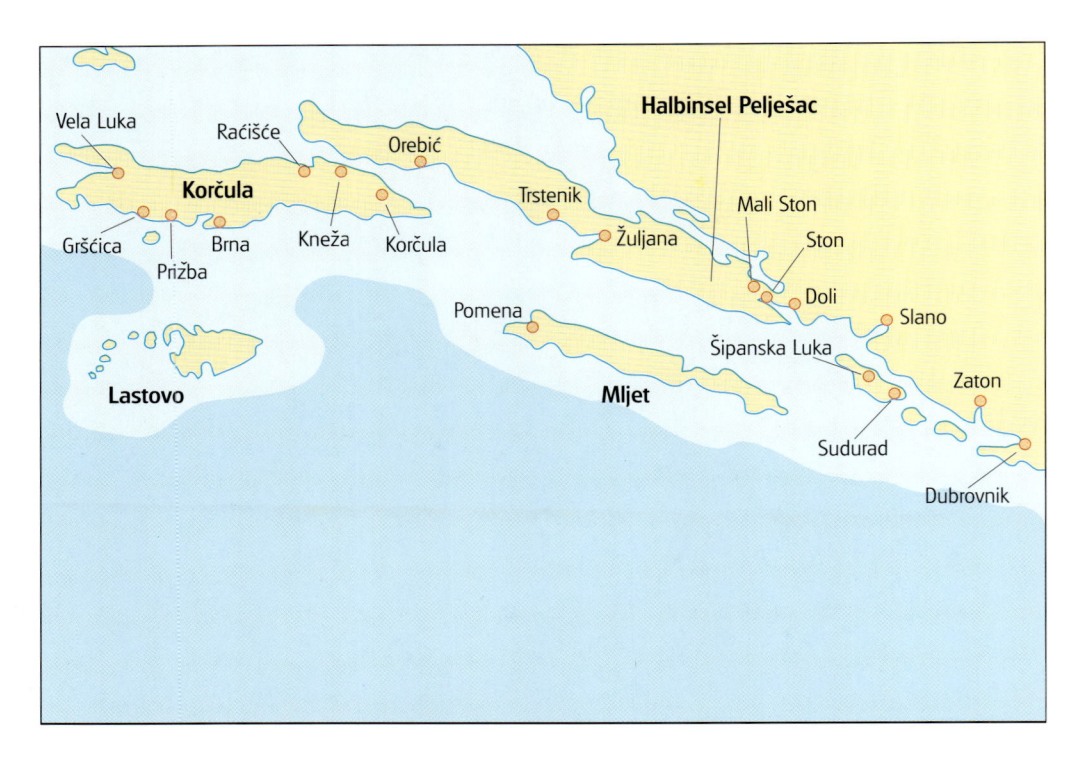

Die Schönheit der kroatischen Küste erfährt im Süden noch eine Steigerung. Es ist der sonnigste Abschnitt. Süddalmatien offeriert wahre Inselparadiese – die langgezogene Halbinsel Pelješac, Korčula und Mljet, die beiden größten grünen Inseln der Adria, sowie Lastovo mit 46 umliegenden Winzigeilanden, vor deren Küsten das Wasser so klar und sauber ist wie sonst nirgends. Und es sind zu erwähnen die Elaphiti-Inseln Šipan, Lopud, Koločep, die der Riviera von Dubrovnik vorgelagert sind. Ein wahres Schatzkästchen aus dem Mittelalter ist die Stadt Korčula, die nur eine Konkurrentin hat, der sie den Vortritt lassen muß: Das ist Dubrovnik, die Perle der Adria, die als einmalig im gesamten Mittelmeerraum gilt.

Korčula ist von der Insel Hvar durch den knapp neun Meilen breiten Korčulanski-Kanal getrennt, der nördlich der Halbinsel Pelješac in den Neretvanski-Kanal übergeht. Im Korčulanski-Kanal kann bei südlichen Winden starke Strömung auftreten.
Die Insel ist 47 km lang und zwischen 6 und 8 km breit. Sie wird von einem 400 bis 500 m hohen Bergrücken durchzogen und ist sehr fruchtbar und waldreich. Das milde Klima – Korčula zählt neben Dubrovnik zu den Gebieten Kroatiens mit der höchsten Januartemperatur –, vorzügliche Weine, herrliche Badestrände und viele Sehenswürdigkeiten haben die Insel zu einem beliebten Ziel für Touristen gemacht. Eine gut ausgebaute Panoramastraße führt zu den schönsten Aussichtspunkten und den zahlreichen Küstenorten.

Die Stadt Korčula ist das wirtschaftliche, kulturelle und touristische Zentrum. Auf einer Halbinsel dicht zusammengedrängt und von einer Wehrmauer umschlossen, findet man eine Fülle großartiger Bauwerke und historischer Kostbarkeiten: Paläste, Kirchen, Klöster, viele alte Patrizierhäuser, Mauern und Wehrtürme. Das bedeutendste Bauwerk ist die Kathedrale des Heiligen Markus mit wertvollen Gemälden von Tintoretto und Bossano. Sehenswert auch das Rathaus, die St. Michaeliskirche, die Allerheiligen-Kirche sowie der Abt-Palast und das Stadtmuseum. In der Nähe der Kathedrale kann man das Haus besichtigen, in dem Marco Polo zur Welt gekommen sein soll.

Die engen Gassen, welche treppauf treppab die Stadt durchziehen, sind in Ost-West-Richtung in einem leichten Bogen angeordnet, um die kalten Nordwinde abzuhalten. Gleichzeitig wird dadurch erreicht, daß im Sommer die heiße Mittagssonne nicht eindringt, während sie in den Morgen- und Abendstunden Häuser und Straßen bescheinen kann. Man kann je nach Windrichtung auf der Ost- oder Westseite der Stadt mit dem Schiff anlegen. Besser und geschützter liegt man jedoch in der ACI-Marina, die an den Altstadtkern grenzt. Sie verfügt über 160 Liegeplätze, Sanitäreinrichtungen, ein Restaurant und zählt zu den am schönsten gelegenen Häfen der Adria.

Nicht weit von der Stadt Korčula, an der Ostküste, ist eine neue Marina entstanden, Lumbarda, mit 115 Liegeplätzen. Sowohl an der Nord- als auch an der Südküste gibt es eine Reihe gemütlicher Hafenorte, von denen sich die größte Ansammlung im Südwestteil der Insel befindet. Die größte Bedeutung hat Vela Luka mit 4500 Einwohnern am Ende einer fjordähnlichen Bucht. In dem geschützten Hafen kommen die Fähren aus Split und dem italienischen Ancona an, allerdings nur in der Urlaubssaison. Liegeplätze für Yachten gibt es in der Bucht Bobovišće (einlaufend an Steuerbord) oder im hinteren Bereich des Hafens.

Fast ein halbes Jahrhundert war Lastovo als vorgeschobener Inselposten militärisches Sperrgebiet für Ausländer. Doch jetzt gibt es für Besucher keine Beschränkungen mehr. Die 47 km² große Insel ist naturbelassen wie kaum ein anderes Eiland, hoch aufragend und waldreich. Im ganzen Land bekannt ist Lastovo für seinen guten Wein. Wer mit dem Boot hierher kommt, findet eine felsige, buchtenreiche Küste mit einer großen Auswahl an geschützten Ankerplätzen. An der Westseite graben sich zwei Riesenbuchten mit den Ausmaßen eines Fjordes in das Land. Der Hauptort Lasto-

Korčula – ein Schatzkästchen aus dem Mittelalter und Hauptstadt der gleichnamigen Insel – lockt alljährlich Tausende Besucher an. Viele Yachten machen in der wunderschön gelegenen ACI-Marina, die sich an den mittelalterlichen Stadtkern anschmiegt, Station auf ihrem Weg von und zu den vielgestaltigen Törnrevieren Süddalmatiens (Foto unten und vorherige Doppelseite).

Drei Anlegestellen an der Küste der Insel Korčula: Marina Lumbarda, ein schöner Urlaubsort (oben); Prižba, eine kleine Fischersiedlung an einer bewaldeten Halbinsel (unten); Vela Luka, ein großer Hafen und aufsteigender Touristenort (großes Foto).

vo thront an der Nordküste wie ein Adlerhorst auf dem Berg, tief unten der Hafen mit einer Ansammlung verschachtelter Häuser.

Zu den Inseln der Superlative in Kroatien zählt Mljet – wegen seines Waldreichtums. 72 Prozent der Gesamtfläche sind waldbedeckt, das hat keine andere Adriainsel zu bieten. Der Westteil von Mljet ist Nationalpark. Dort, in der Bucht Pomena, sind auch die besten Ankerplätze sowie zwei große Binnenseen, Veliko Jezero und Malo Jezero. Auf dem im Veliko Jezero (großer See) gelegenen „Inselchen der Heiligen Maria" befindet sich ein ehemaliges Benediktinerkloster in wunderschöner landschaftlicher Umgebung. Man gelangt mit einem Ausflugsboot dorthin.

Von Mljet ist es bis Dubrovnik nur noch ein Katzensprung. An der Küste zieht eine Endlosfolge von Inseln mit tiefen Einbuchtungen vorüber – Ston und Mali Ston, Šipanska-Luka,

Zaton, bis sich schließlich Dubrovnik, der Stolz Kroatiens, wie eine Fata Morgana aus dem Meer erhebt. Das ehemalige Ragusa ist ohne Zweifel die sehenswerteste Stadt an der ganzen Küste, eine Stadt, die ihr mittelalterliches Aussehen aus dem 15. Jahrhundert kaum verändert hat.

Da Dubrovnik durch die Jahrhunderte selbst für seine Verteidigung sorgen mußte, umgab es sich mit großen Bollwerken. Von diesem Verteidigungssystem, einer bis zu 6 m dicken und 25 m hohen Wehrmauer, deren Gesamtlänge 1940 m beträgt und die man begehen kann, ist die Stadt noch heute umgeben. Dubrovnik ist voller historischer Kostbarkeiten und prachtvoller Bauten. Paläste, Kirchen und Klöster, Patrizierhäuser und enge Treppengäßchen prägen das Bild der Stadt.

Viele tausend Touristen strömen alljährlich nach Dubrovnik. Sie erleben eine Stadt nicht nur der Baudenkmäler, sondern auch der Sommerfestspiele, der Theater- und Musikaufführungen, der Museen und Galerien. Im Krieg der Jahre 1991/92 war Dubrovnik heftigen Attacken durch die serbische Armee ausgesetzt. Die Schäden waren zum Teil erheblich, insgesamt konnten sie der Stadt jedoch

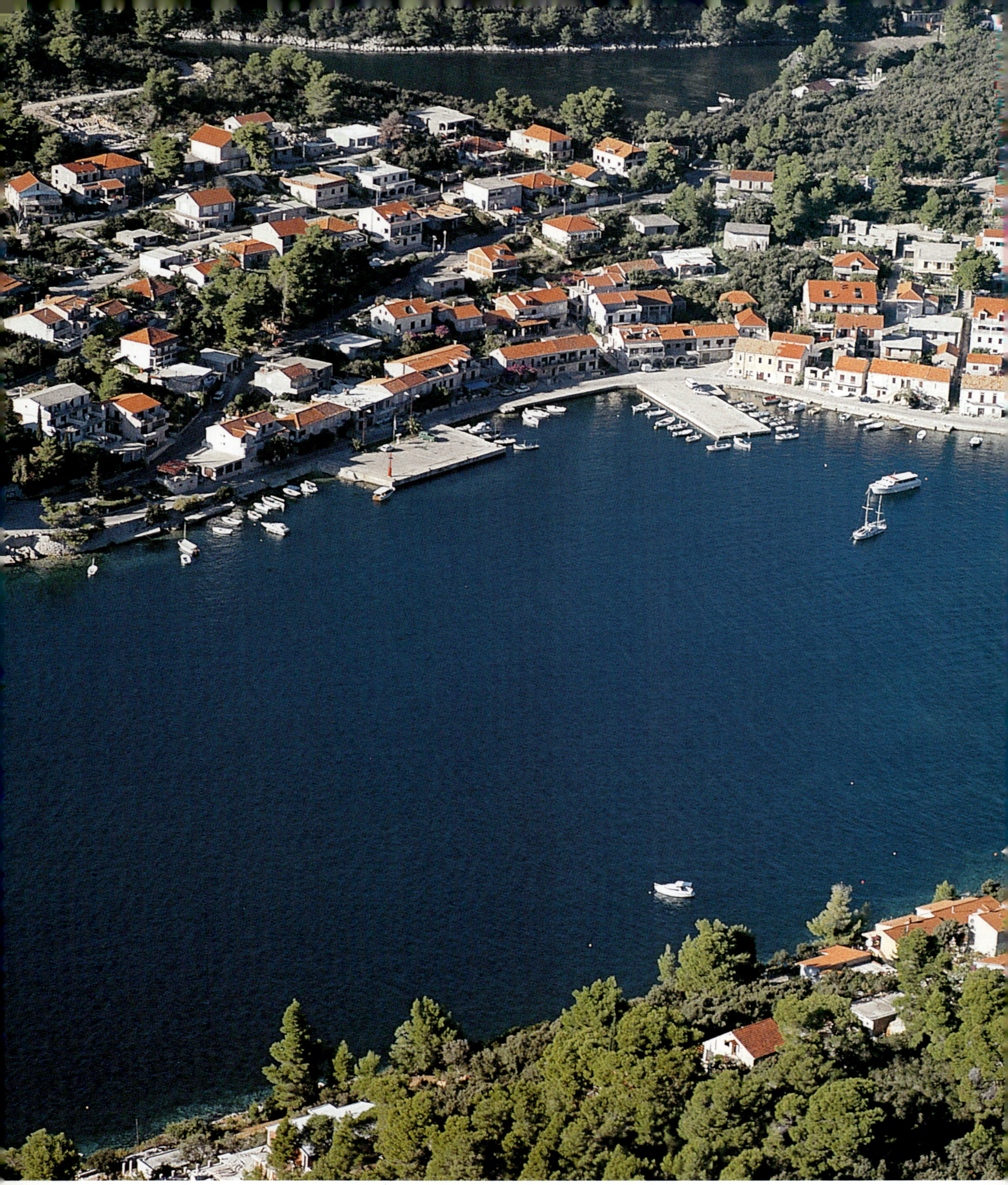

nicht viel anhaben. Dagegen wurde die ACI-Marina Miho Pracat, die 6 km vom Stadtzentrum entfernt am Ende des Fjords Rijeka Dubrovačka an der Mündung des Flusses Ombla liegt, vollkommen zerstört und mit ihr fast alle Yachten. Inzwischen ist der Hafen aus den Trümmern schöner denn je neu erstanden und bietet 450 sichere Liegeplätze und komplette Serviceeinrichtungen.

Nach Dubrovnik stößt das Netz der Häfen und Marinas an Grenzen. Cavtat, ein bekannter Touristenort, ist im Süden der letzte Hafen auf kroatischem Boden. Hier ist für Yachtcrews die Welt vorerst zu Ende...

Einer der sichersten Häfen an der Südküste von Korčula: Brna in der Luka Brna, die sich in zwei Arme teilt, in einen nordwestlichen, wo man den Heilschlamm „Liman" findet, und einen südöstlichen, an dessen Ende Dorf und Hafen liegen.

Die wilden Schwertkämpfer von Korčula

Aus dem 16. Jahrhundert stammt der ritterliche Schwerttanz „Moreška", der symbolisch den Kampf zwischen dem Guten und dem Bösen darstellt. Bula, die Braut des Roten Königs, wird vom Schwarzen König gefangengehalten. Dieser will das Mädchen heiraten, doch sie weist ihn zurück. Der Schwarze König fordert seinen Rivalen zum Kampf heraus. Die Heere der Gegner treffen aufeinander. Diese werden von zwei Tanzgruppen in roten und schwarzen historischen Kostümen dargestellt. In sieben verschiedenen Fechtfiguren prallen die Kämpfer aufeinander. Der Schwerttanz erfordert große Geschicklichkeit und ist keinesfalls ungefährlich.

Zwei Hafenorte auf Korčula, die sich schräg gegenüberliegen: Račišće (oben) an der Westeinfahrt in den Pelješac-Kanal. Bei den Seeleuten wurde er früher auch „Hafen der Rettung" genannt, weil er den Segelschiffen bei Sturm als Schutzhafen diente. Zavalatica (rechts) an der Südküste ist bekannt für seine Fischspezialitäten, guten Wein und als Wallfahrtsort.

Folgende Doppelseite: Blick in östlicher Richtung auf die hoch aufragende Insel Lastovo mit dem Hauptort in luftiger Höhe und der Hafenmole zu seinen Füßen.

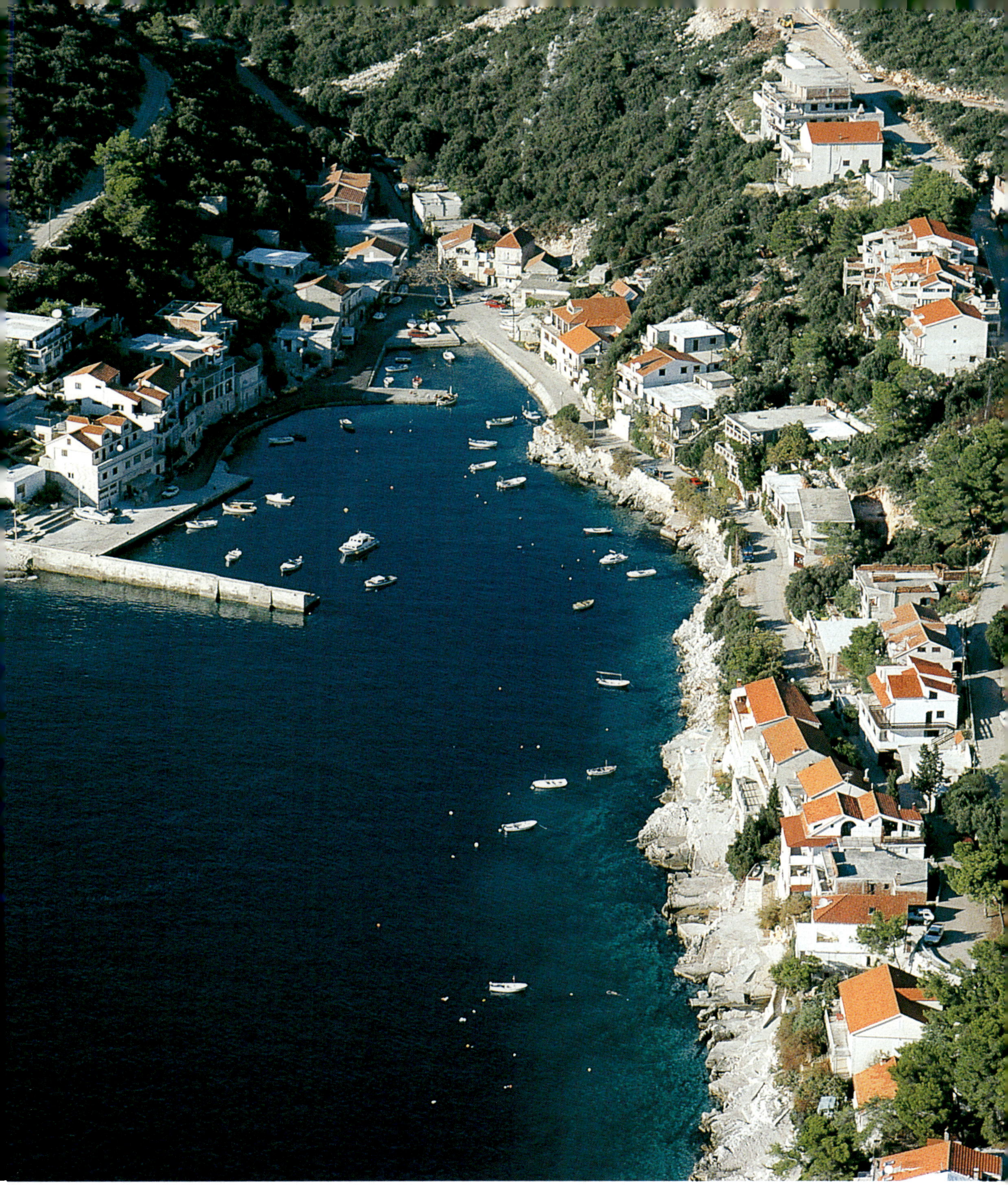

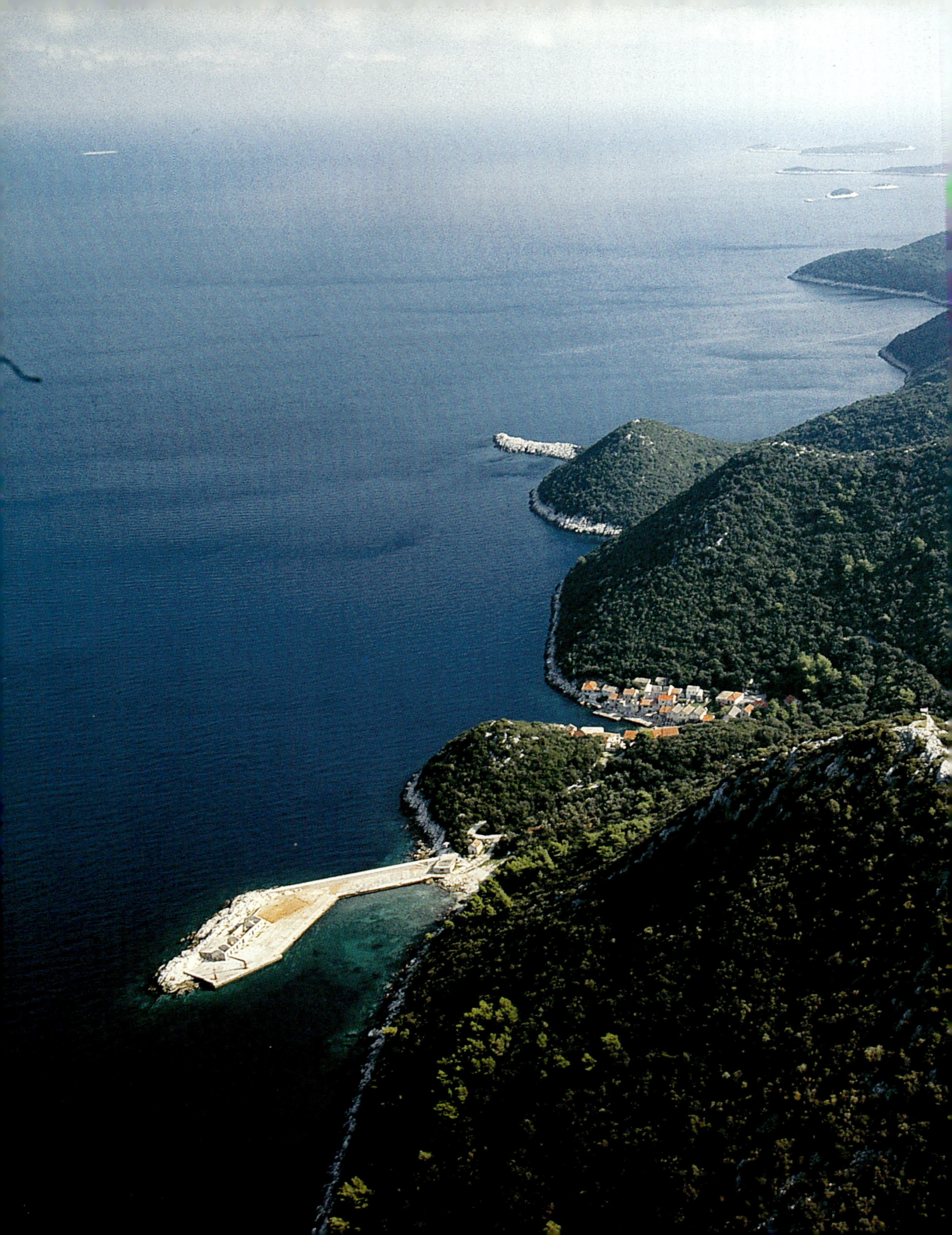

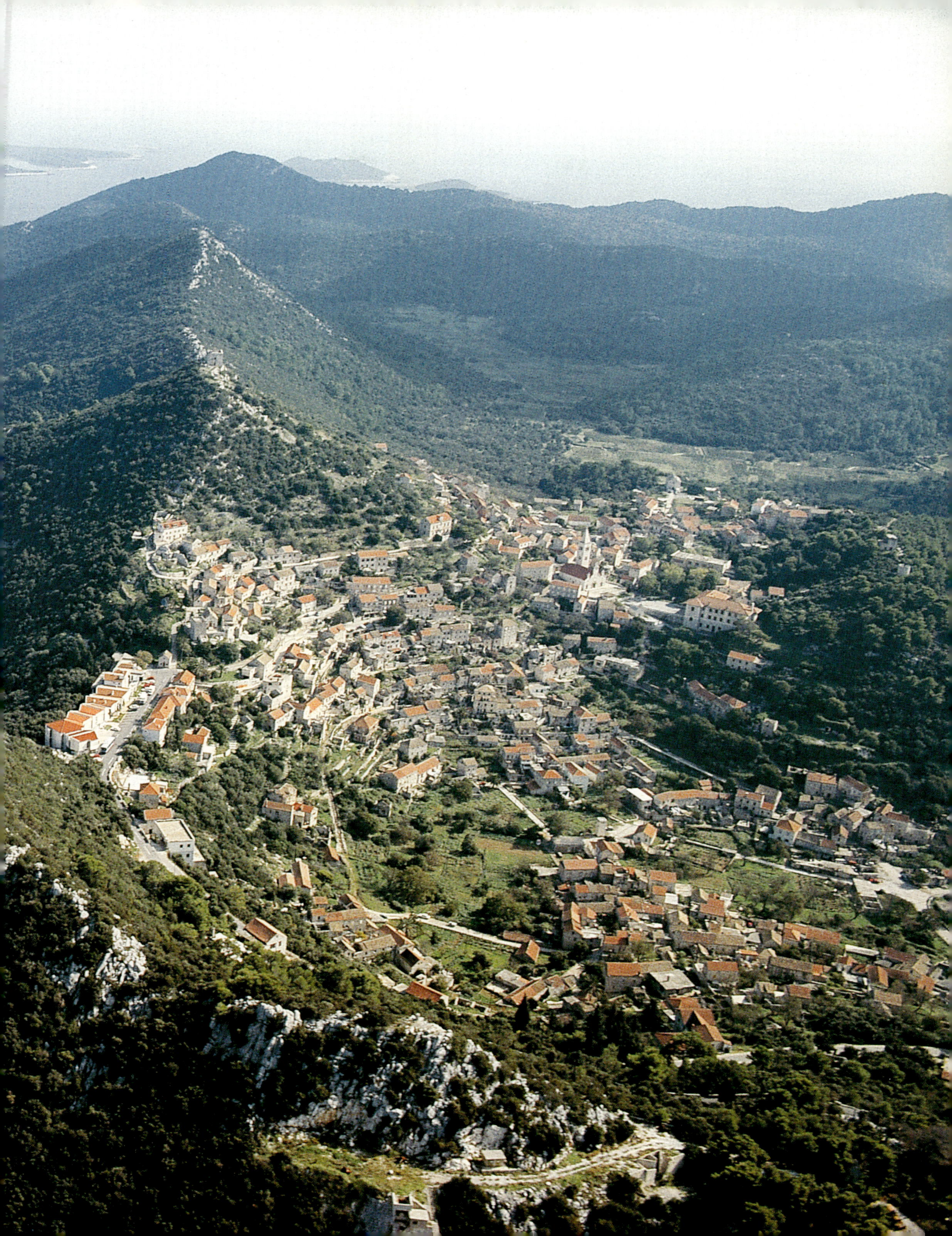

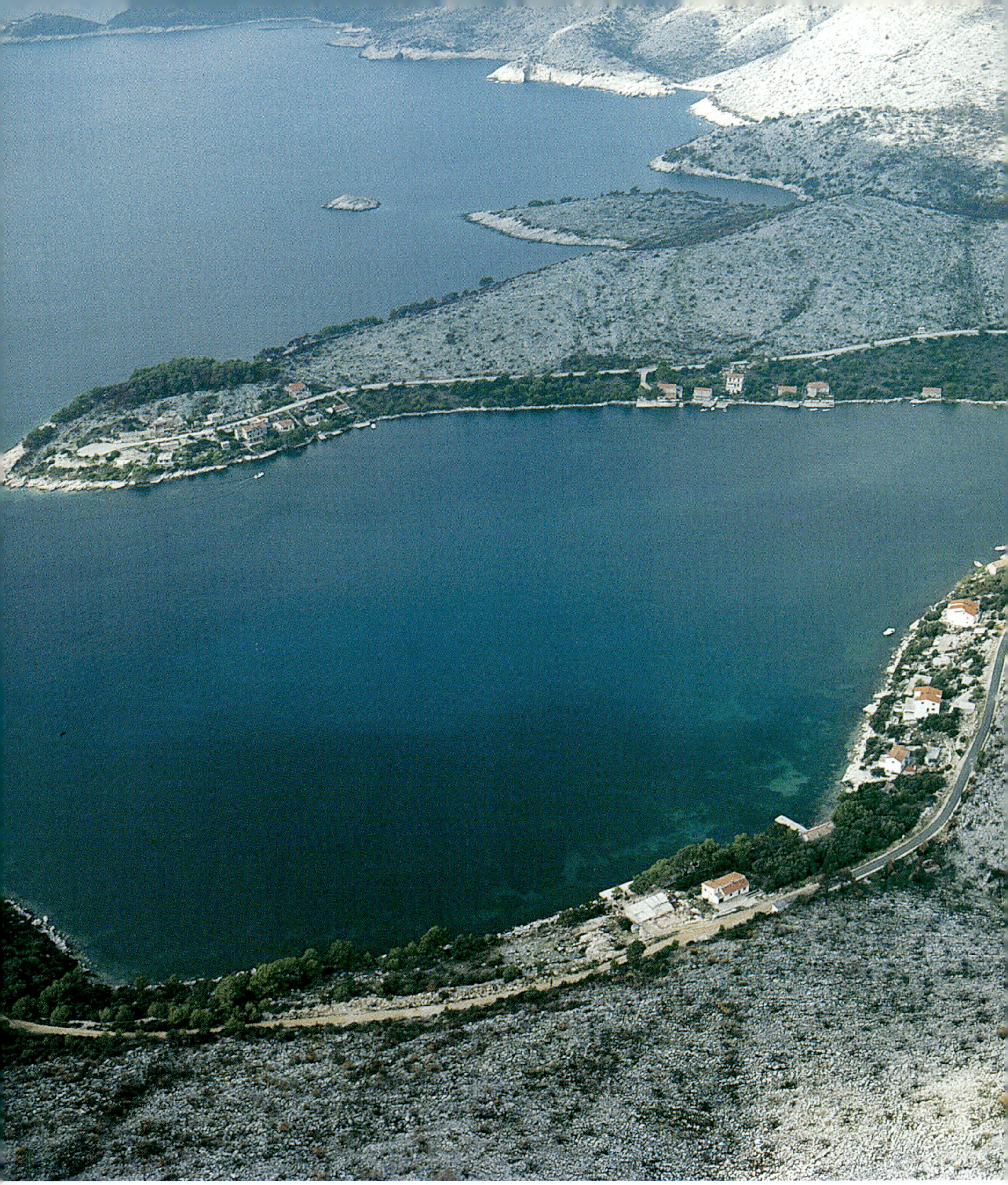

Viermal Lastovo: Skrivena Luka, auch Portorus genannt (großes Foto), ist eine weite Bucht an der Südküste mit grünem Uferrand und zahlreichen Häusern. An der Einfahrt brennt zu beiden Seiten jeweils ein Leuchtfeuer. Skrivena Luka ist vor Winden gut geschützt und empfiehlt sich als Dauerliegeplatz. Sichere Liegeplätze finden sich auch in der Bucht Zaklopatica (unten) an der Nordküste. Ansteuerung durch die Ostpassage, 20 m breit, 5 m Wassertiefe. Der Hauptort Lastovo auf dem Bergrücken und sein Hafen (oben und links): Der Anleger ist Wind und Wellen aus nördlichen Richtungen (Bora) ausgesetzt.

Viel Grün, soweit das Auge reicht (oben): Mljet ist die waldreichste Insel an der kroatischen Küste. Die Bucht Pomena bietet Yachten guten Schutz.

Meerwassersee Veliko Jezero mit idyllisch gelegenem Kloster auf der Insel Mljet (rechts): Ein schmaler Kanal stellt die Verbindung mit dem Meer her.

Mali Ston am Ende des Kanals Malog Stona (oben): Der halbverfallene mittelalterliche Ort beeindruckt durch seine Befestigungsanlagen. In dem kleinen Hafen können Wasserstandsschwankungen – genannt Seiches (kroat. seš) – bis zu zwei Meter auftreten.

Ston am Ende des Stonski-Kanals (links): Nur durch eine schmale Landzunge von Mali Ston getrennt. Beide Orte sind durch einen 5 km langen Festungswall miteinander verbunden.
Ston selbst ist von einer Festungsmauer (890 m) im Fünfeck umgeben.

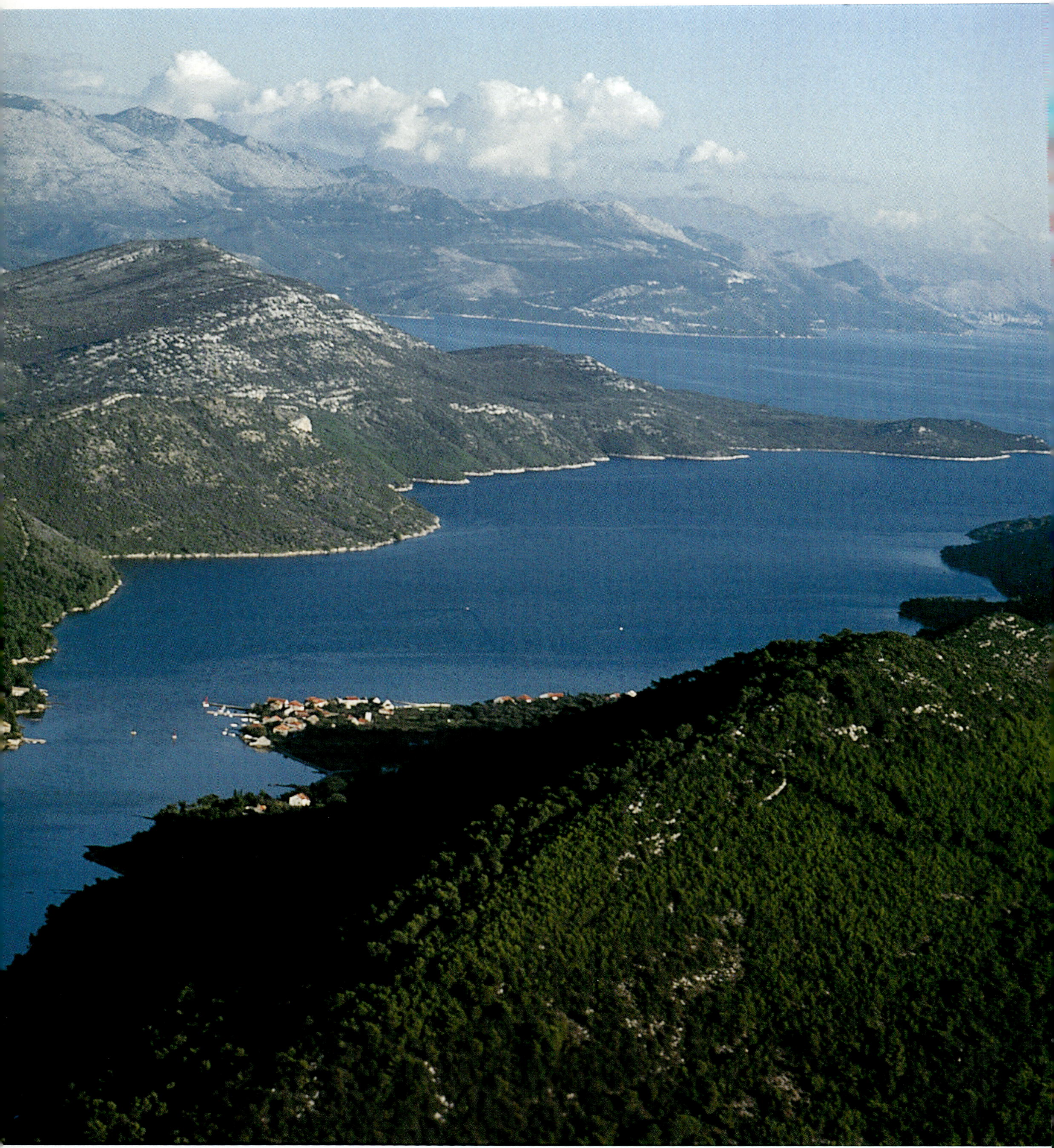

Weit wandert der Blick vom Stonski-Kanal in östlicher Richtung zur mächtigen Bergkette der Festlandsküste (großes Foto). Im hinteren Teil verengt sich der Kanal, der bis Ston führt, auf wenige Meter. Das Fahrwasser dorthin ist betonnt (links).

Eine tiefe Bucht an der Nordwestküste der Insel Šipan (Mitte): Šipanska Luka ist ein geschützter Platz mit einem verträumten Dorf. Man kann an der Pier anlegen oder in der weiten Bucht vor Anker gehen.

Eine tiefe Bucht an der Riviera von Dubrovnik, drei Meilen NW-lich von der „Perle der Adria" entfernt (unten): Zaton war einst Sommerfrische der Patrizierfamilien aus Dubrovnik. Jetzt erwacht hier langsam der Tourismus.

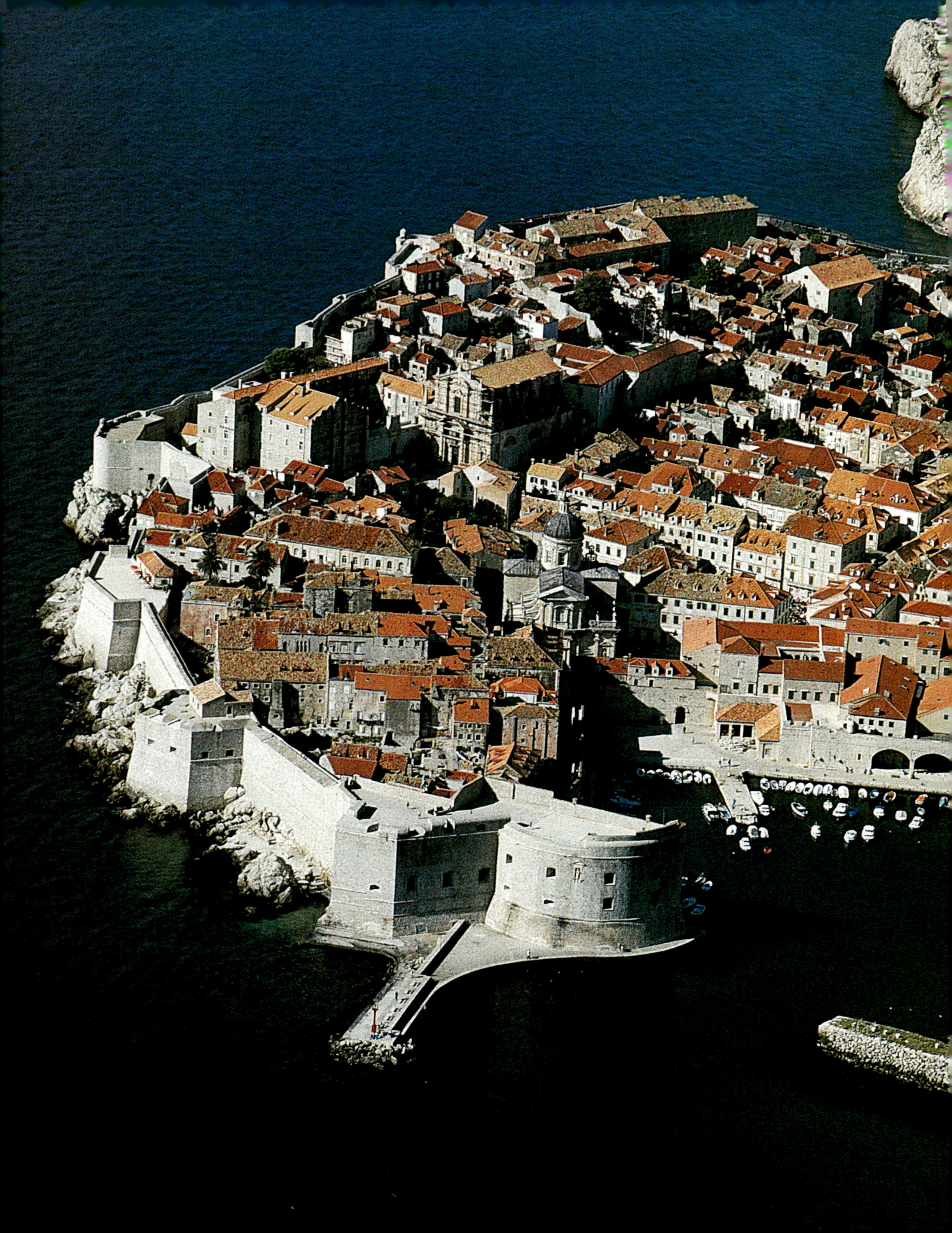

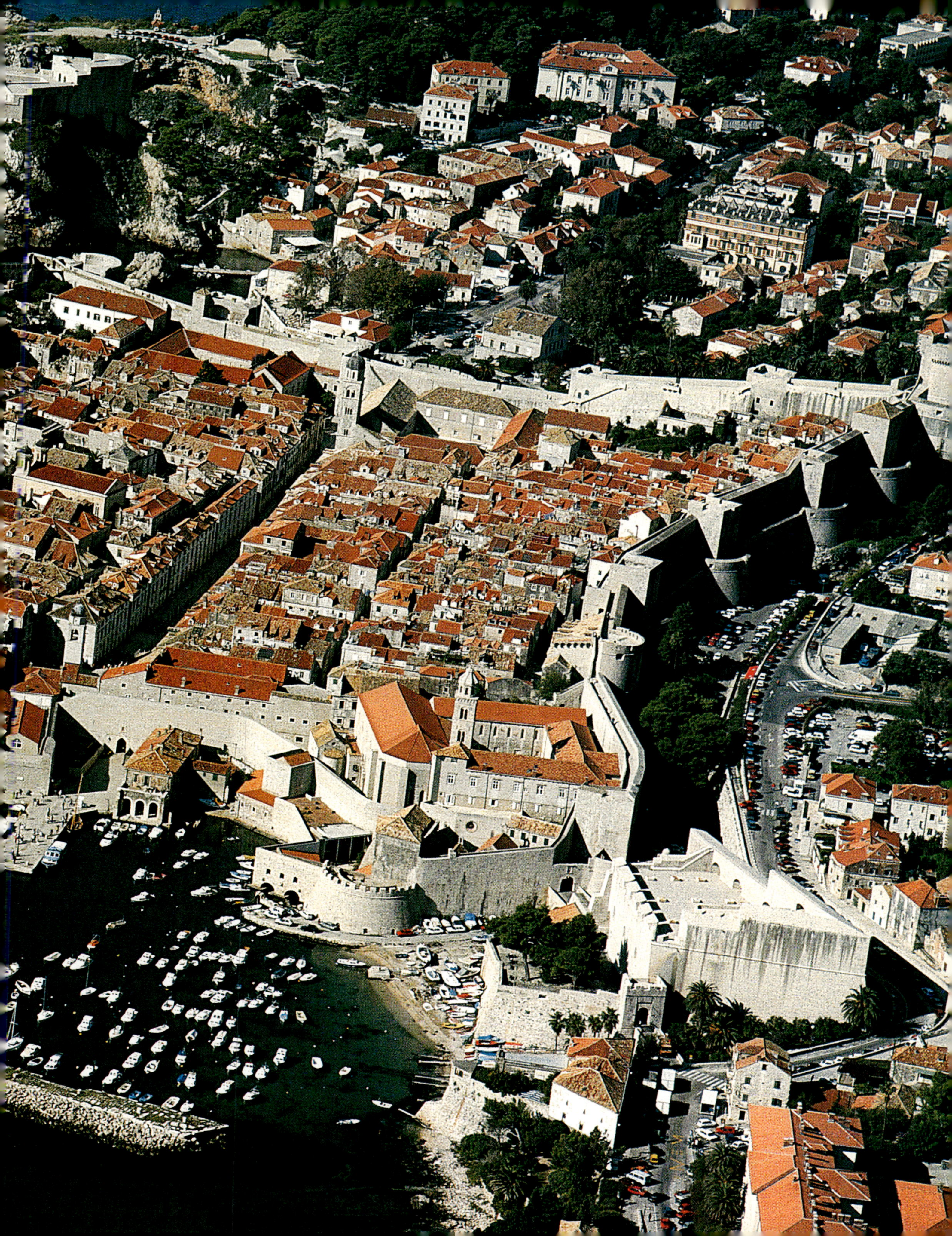

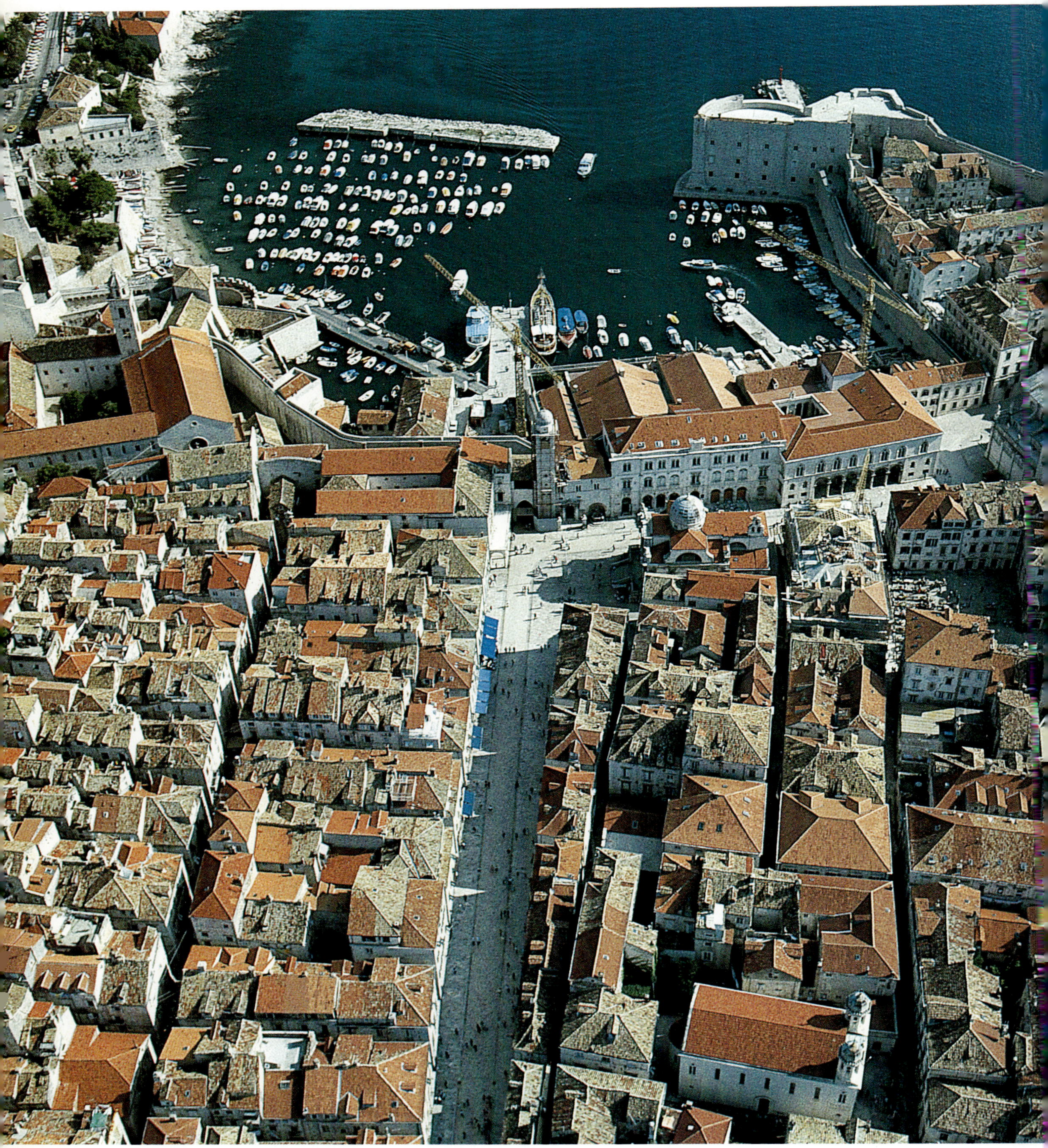

Vorherige Doppelseite: Die mittelalterliche Stadt Dubrovnik, die ihr Aussehen durch die Jahrhunderte kaum verändert hat. Selbst der Granatenbeschuß durch die serbische Armee konnte ihr nichts anhaben.
Dubrovnik wirkt wie eine einzige Festung (großes Foto und oben). Auf der Placa, der fast 300 m langen Hauptstraße der Altstadt, die mit weißen Steinquadern gepflastert ist, flanieren im Sommer Einheimische und Touristen gemeinsam. Am 6. April 1667 wurde Dubrovnik durch ein Erdbeben fast vollkommen zerstört, nur das gewaltige Befestigungssystem blieb erhalten. Was das Erdbeben nicht vernichtet hatte, wurde ein Raub der Flammen. Drei volle Tage wüteten die Brände. Danach ging man an den Wiederaufbau, und es entstand das Dubrovnik, wie wir es heute kennen.
Steganlage des Segelvereins „Orsan" im Haupt- und Handelshafen Gruž von Dubrovnik (unten): Wassertiefe 4–5 m. Gastlieger sind willkommen. Es wird Liegegeld erhoben.

Eine der schönsten Marinas in Kroatien am Ende des Fjordes Rijeka Dubrovačka an der Ombla-Mündung, 6 km von Dubrovnik entfernt: Miho Pracat (beide Fotos). Die ACI-Anlage wurde im Krieg total zerstört. Inzwischen ist sie wieder aufgebaut und schöner denn je.

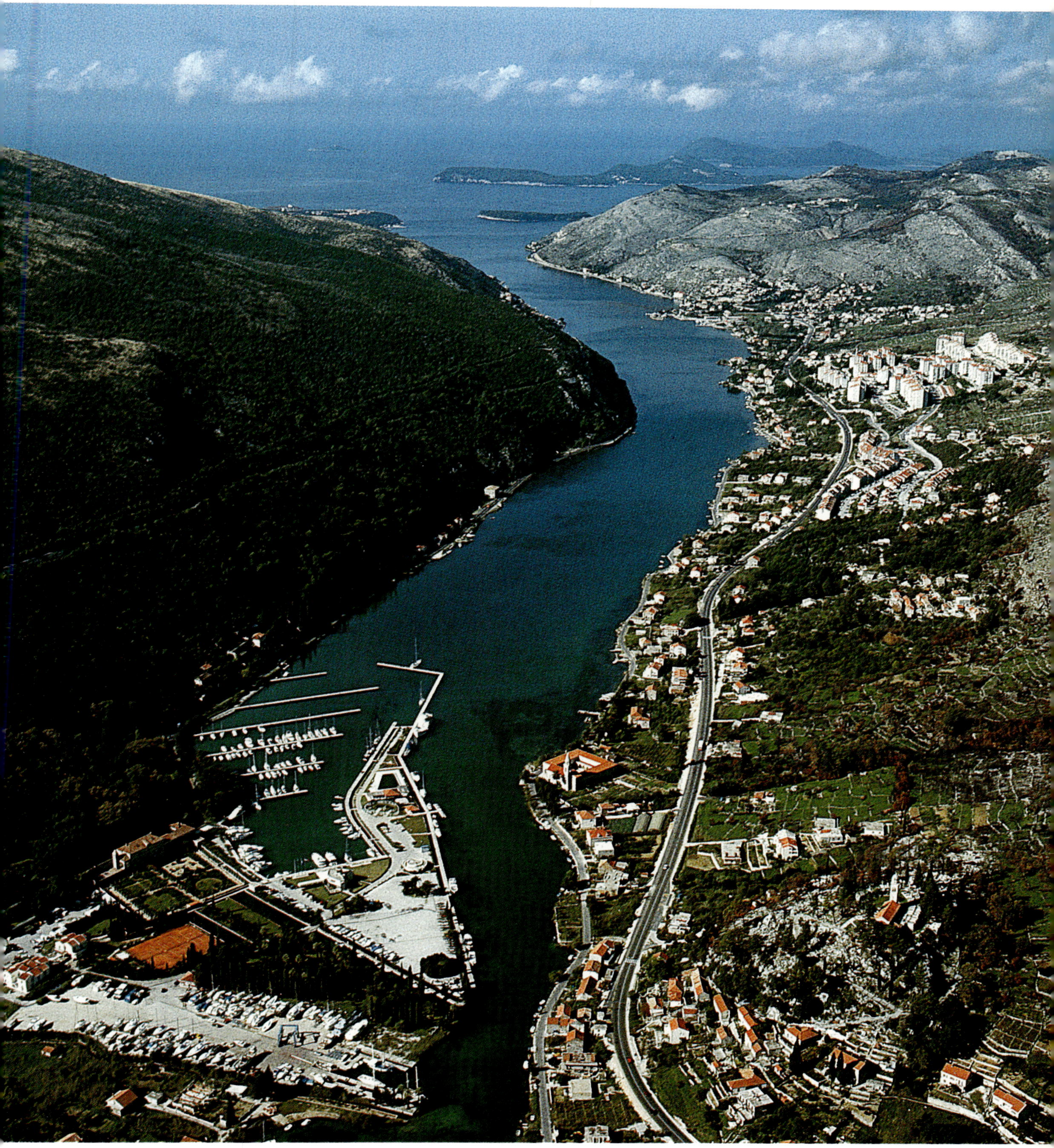

Der letzte Hafen auf kroatischem Territorium im Süden: Cavtat mit einem palmenumsäumten Ufer. Der Ferienort wurde auf den Ruinen der alten griechischen Kolonie Epidaurus errichtet. Cavtat dehnt sich auf der Halbinsel Rat aus, welche die Bucht in zwei Teile teilt. Die Altstadt ist voller Sehenswürdigkeiten. Maler und Bildhauer haben sich hier niedergelassen. An der Uferpromenade (oben und rechts) laden zahlreiche Cafés und Restaurants zum Verweilen ein. Auf dem großen Foto im Hintergrund die Start- und Landepiste des internationalen Flughafens Dubrovnik.

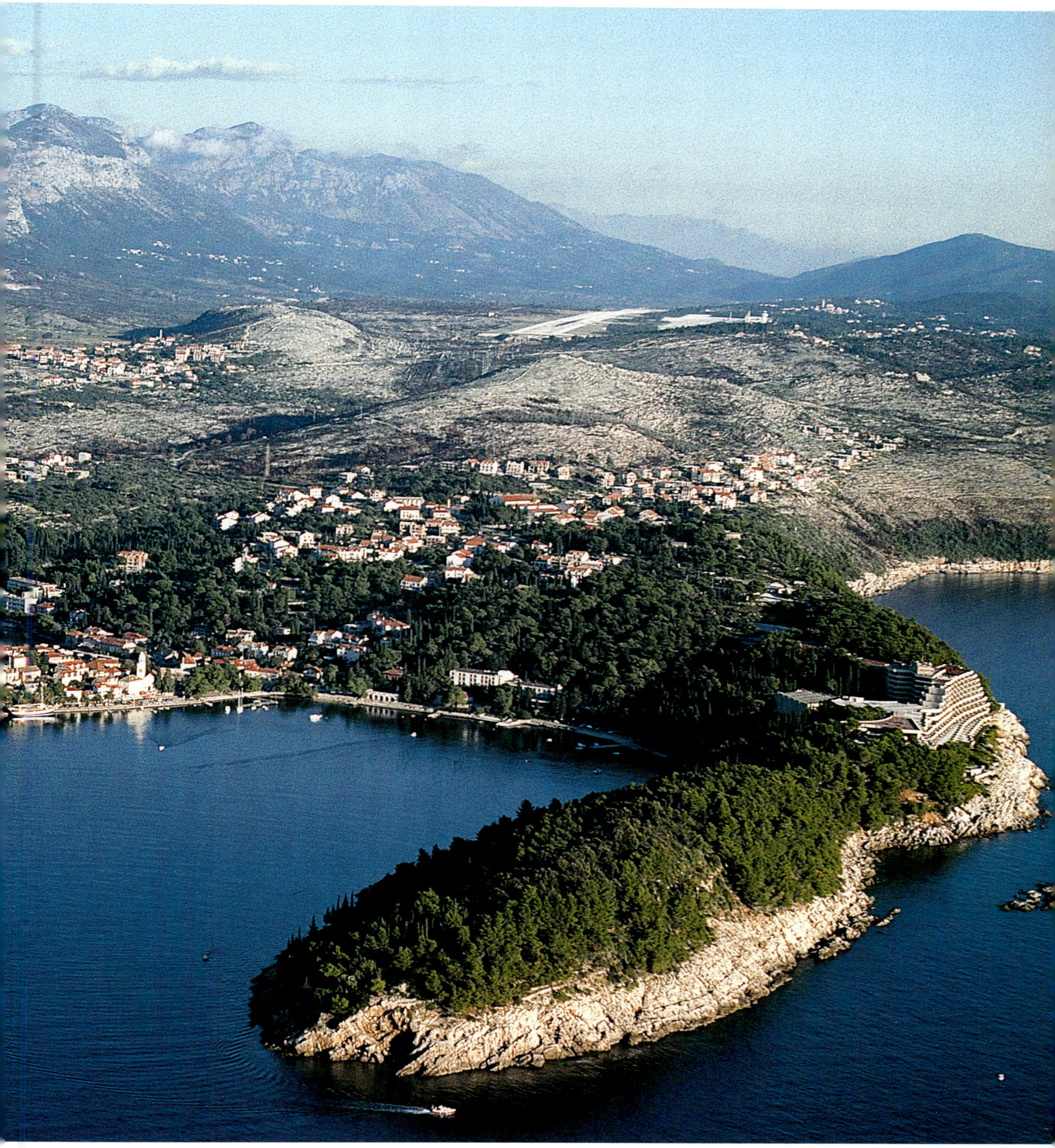

INFORMATIONEN UND HINWEISE

Grenzformalitäten

Bei der Einreise sowohl nach Kroatien als auch nach Slowenien gibt es keine besonderen Formalitäten. Man benötigt einen gültigen Reisepaß und kann sich dann bis zu drei Monaten im Land aufhalten. EU-Bürger und Schweizer können mit einem gültigen Personalausweis einreisen. In diesem Fall kann man bis zu 30 Tage im Land bleiben. Wer ein Visum benötigt, erhält es in den jeweiligen Botschaften und Konsulaten der beiden Länder.

Devisen

Die nationale Währung Sloweniens ist der Tolar (SIT). 1 Tolar gleich 100 Stotin. Die offizielle Währung in Kroatien ist der Kuna (HRK). 1 Kuna gleich 100 Lipa. Ausländische Währungen können an allen internationalen Grenzübergängen, in Fremdenverkehrsbüros, Hotels, Banken, Postämtern, Marinas u. ä. gewechselt werden.

Einreise mit dem Boot

Bei der Einreise auf dem Seeweg ist der nächste Port of Entry anzulaufen, um die Einklarierung vorzunehmen. Es werden die vorgeschriebenen Personalpapiere verlangt. Der Skipper muß im Besitz eines den Vorschriften des Heimatlandes entsprechenden Bootsführerscheines sein. Ferner sind folgende Dokumente vorzulegen: gültige Schiffspapiere, Nachweis einer Haftpflichtversicherung (nur in Kroatien) und eine Crewliste. Skipper, deren Yacht mit einer Funkanlage ausgerüstet ist, müssen im Besitz eines Sprechfunkzeugnisses sein.

Ein „Permit" ist in Slowenien nicht erforderlich. An Gebühren wird eine Schiffahrtsgebühr erhoben. Die Quittung darüber ist an Bord mitzuführen.

Das kostenpflichtige „Permit", die Genehmigung zum Befahren der adriatischen Küstengewässer, wurde in Kroatien ebenfalls abgeschafft. An seiner Stelle ist jedoch ein sogenanntes *Entgelt für die Schiffssicherheit* und eine Leuchtfeuergebühr getreten. Es wird eine *Anmeldebestätigung* („Prijava", früher „Odobrenje") ausgestellt, in die Schiffsname, Bootslänge, Name des Eigners etc. eingetragen werden. Die eingenommenen Gelder werden nach kroatischen Angaben ausschließlich für die Verbesserung des Seenotrettungsdienstes verwendet.

Die *Ankunftsmeldung* behält ein Jahr lang ab Ausstellungsdatum ihre Gültigkeit. Innerhalb dieses Zeitraums kann beliebig oft aus- und eingereist werden, ohne daß neue Zahlungen anfallen. Es ist jedoch erforderlich, sich bei einem Hafenamt ab- bzw. anzumelden. Der Vorgang wird in der Crewliste registriert. Bei der *Einreise über Land* erfolgt der Grenzübertritt ohne besondere Formalitäten.

Nicht fest eingebaute Funkgeräte und andere nautische Einrichtungen müssen deklariert werden. Bevor das über Land eingeführte Boot zu Wasser gelassen wird, muß es bei einem Hafenamt angemeldet werden.

In Kroatien sind alle ausländischen Wassersportfahrzeuge über 3 m Länge und mit einem Motor über 4 kW bei den Hafenämtern (Lucka Kapetanija) oder einer Zweigstelle (Lucka Ispostava) anzumelden.

Die Pflicht zum Anlaufen eines Port of Entry und zum Einklarieren besteht nur, wenn eine Yacht in den *Innenbereich* der kroatischen Hoheitsgewässer einfährt. Yachten, die sich nur auf der Durchreise befinden und den *Außenbereich* befahren, ohne einen Hafen anzusteuern, unterliegen nicht der Pflicht zur Anmeldung.

Als *Außenbereich* gilt jener Bereich der kroatischen Territorialgewässer innerhalb der Zwölf-Meilen-Zone, der bis an die äußere Küstenlinie heranreicht. Danach beginnt der *Innenbereich*. Die Grenze des inneren und äußeren Bereichs der Hoheitsgewässer ist in der Seekarte S 101 eingezeichnet.

Seegrenzübergänge (Port of Entry) in Slowenien: Koper, Piran, Izola; in Kroatien: Umag, Poreč, Rovinj, Pula, Raša-Bršica, Rijeka, Mali Lošinj, Senj, Maslenica, Zadar, Šibenik, Split, Ploče, Metković, Korčula, Dubrovnik. Vom 1.4. bis 30.10. sind zusätzlich geöffnet: Marina Umag, Novigrad (Istrien), Sali, Božava, Primošten, Ravni Žakan, Komiža, Hvar (Hafen), Ubli (Laštovo), Vis (Hafen) und Vela Luka.

Ausreise

Bei der Ausreise über See ist ein Hafen mit internationalem Grenzübergang anzulaufen, wo man sich bei den Zoll- und Grenzbehörden abmelden muß. Danach hat die Yacht die Hoheitsgewässer auf kürzestem Weg und ohne weiteren Aufenthalt zu verlassen.

Die Ausreise über Land erfolgt wie die Einreise ohne besondere Formalitäten. Die Boote müssen jedoch bei einem Hafenamt abgemeldet werden.

Crewwechsel

Crewwechsel ist unbegrenzt möglich. Bei jeder Mannschaftsänderung an Bord muß den Hafenbehörden eine neue Crewliste vorgelegt werden. Auch bei Skipperwechsel ist eine neue Crewliste erforderlich.

Charter

Das Verchartern von Privatyachten, deren Eigner dafür keine offizielle Genehmigung besitzen, ist sowohl in Slowenien als auch in Kroatien bei Strafe streng verboten. Chartern ist nur bei Firmen möglich, die dafür die behördliche Erlaubnis haben. Dabei ist es gleichgültig, ob es sich um eine inländische oder ausländische Charterfirma handelt. Ebenso ist es ohne Belang, unter welcher Flagge eine gecharterte Yacht fährt.

Tauchen

Das Sporttauchen wurde in Kroatien 1996 gesetzlich neu geregelt. Nach dieser Regelung wird unter dem Tauchen das Sporttauchen mit Taucherausrüstung, das private Unterwasser-Fotografieren und -Filmen, Unterwasser-Wettbewerbe und Tauchunterricht verstanden. Das Tauchgebiet muß sichtbar markiert werden: durch eine rote Boje mit einem Mindestdurchmesser von 30 cm im Zentrum des Tauchgebietes oder durch Setzen der Taucherflagge (orangefarbenes Rechteck mit einer weißen Diagonallinie oder die internationale Signalflagge „A").

Das Tauchen ist nur mit Genehmigung gestattet. Die Taucheranmeldung können Personen beantragen, die einen Befähigungsnachweis zum Tauchen vorweisen können. Die Genehmigung zum Tauchen, die von den Hafenämtern ausgestellt wird, hat ein Jahr Gültigkeit. Tauchen ist u. a. verboten in den Naturschutzgebieten der Inseln Mljet, Kornati, Krka, Brioni sowie in Gebieten mit Fischzuchtanlagen, wie Limski-Kanal und im Kanal von Mali Ston.

Wetter

Das Adria-Wetter wird einerseits durch die Großwetterlagen des Mittelmeerraums bestimmt und andererseits durch lokale klimatische Zusammenhänge. Im langjährigen Mittel herrschen, stark vereinfacht gesehen, bis zum Juni leichte bis mäßige Winde mit wenig Gewittern. Die Monate Juli und August sind von ruhigen Wetterlagen gekennzeichnet, wobei die Gewitterhäufigkeit zunimmt. Von September an ist dann wieder mit häufigen, stärkeren Winden zu rechnen.

Für die Adria sind drei Winde typisch: Bora, Jugo bzw. Scirocco und Maestrale. Bora ist ein trockener, kalter Wind, der aus Nordosten weht. Er kann urplötzlich auftreten und starken Seegang erzeugen. Die Bora ist am gefährlichsten in der Triester Bucht und im Kvarner, bei Senj, Vrulje und Žuljana (Pelješac).

Jugo/Scirocco kündigt sich in der Regel durch einen „bleiernen" Himmel im Süden und Dünung aus dieser Richtung an. Er setzt langsamer ein, baut jedoch einen beachtlichen Seegang auf, der insbesondere ein Einlaufen in nordadriatische Häfen erschweren kann. Der Himmel ist dann verhangen, die Luft sehr feucht, und nicht selten bringt der Regen rotbraunen Sandstaub aus Afrika mit. Jugo- bzw. Scirocco-Perioden halten oft mehrere Tage an, zumindest kann die Dünung noch einige Zeit nachlaufen. Der Maestrale verhält sich ganz anders. Er ist ein Schönwetterwind, der aus Nordwesten weht und bei ruhigen Hochdrucklagen mittags gegen 11 Uhr zu wehen beginnt. Er kann dann zwar bis Beaufort 5 zunehmen und damit einigen Seegang erzeugen, jedoch schläft er in der Regel abends ein, um nach einer ruhigen Nacht am nächsten Mittag im gleichen Rhythmus wieder zu beginnen.

Die übrigen Adria-Winde, Libeccio aus Südwest, Levante aus Ost, Tramontana aus Nord und andere spielen nach der Häufigkeit nur eine untergeordnete Rolle, ebenso die vielen lokalen Winde wie in den Kornaten u. ä. Im übrigen spielt sich an der Adria wie an den anderen Mittelmeer-Küsten bei stabilen Hochdrucklagen der klassische thermische Wind-Rhythmus ab: tagsüber Seewinde, nachts Landwinde.

Telefonieren

Telefonvorwahl für Kroatien 00385; für Slowenien 00386. Auslandsgespräche können in beiden Ländern von Postämtern, Hotels und den Marinas geführt werden. In vielen Telefonzellen können Chipkarten benutzt werden, die bei Postämtern und Kiosks erhältlich sind. Telefonieren mit D1- oder D2-Mobil ist inzwischen ebenfalls möglich. Kroatien hat eines der modernsten digitalen Telefonnetze der Welt.

Marinas

1997 wurde in Kroatien eine Klassifizierungsordnung für Sportboothäfen und Anlegestellen eingeführt, ähnlich wie in der Hotellerie mit dem Sternesystem. Unterschieden wird zwischen Ankerplatz, Liegeplatz, touristischem Hafen, Marina zu Lande und Marina. Eine Marina der Fünf-Sterne-Kategorie muß zum Beispiel über mindestens 300 Liegeplätze verfügen, eigenen Strom- und Trinkwasseranschluß für je drei Liegeplätze, Restaurant, ein Boot zur Brandbekämpfung und Ambulanzdienst.

Für Marinas gilt folgender Mindeststandard: Strom- und Trinkwasseranschluß für je 20 Liegeplätze, ein Sanitärbereich für je 50 Liegeplätze, Lebensmittelgeschäft, Seefunk, öffentlicher Fernsprecher, Wechselstube und Rezeption. Die Anzahl der Sterne für Marinas variiert zwischen zwei und fünf entsprechend ihrem Ausstattungsstand.

Kroatische Fremdenverkehrsämter

Kroatische Zentrale
für Tourismus
Karlsruher Str. 18/8,
60329 Frankfurt/Main
Tel. 069/25 20 45,
Fax 069/25 20 54.
Kroatische Zentrale
für Tourismus,
Rumfordstr. 7,
80469 München
Tel. 089/22 33 44,
Fax 089/22 33 77.
Kroatische Zentrale
für Tourismus,
1010 Wien, Operngasse 5
Tel. 0043/585 38 84,
Fax 0043/585 38 84 20.

Auslandsvertretungen

Bundesrepublik Deutschland:
HR-10000 Zagreb,
Ulica grada Vukovara
Tel. 00385 1-615 81 05,
Fax 00385 1-615 81 04.
HR-21000 Split,
Obala Hrvatskog
narodnog preporoda 10
Tel. 00385 21-36 21 14,
Fax 00385 21-36 21 15.
Österreich:
HR-10000 Zagreb,
Jabukovac 39
Tel. 00385 1-481 18 44
oder 27 33 92,
Fax 00385 1-4 26 90.
510000 Rijeka,
Stipana Istrania Konzula 2
Tel. + Fax 00385 51-33 85 54.
Schweiz:
HR-10000 Zagreb,
Bogovićeva 3, p.p.471
Tel. 00385 1-481 08 91,
Fax 00385 1-481 08 90.

REGISTER

Betina 54
Biograd 53, 56
Bizikovica 92
Bobovišća 108, 119
Bol 106
Brač 98, 99, 105, 106, 108
Brački-Kanal 99
Brioni-Archipel 13
Brna 123

Cavtat 123, 140
Čeprljanda 61
Cervar-Porat 11, 13, 14
Cres 11, 13, 38, 43, 45, 47
Crveni Otok 23

Drage 66
Drvenik 100
Drvenik Veli 100
Dubrovnik 7, 118, 121, 137
Dugi Otok 53, 82, 84, 85, 86, 94

Elaphiti-Inseln 118

Farfarikulac 85

Galiola (Galijola) 27
Galovac 61
Golf von Piran 10
Gruž 137

Host 114
Hramina 54
Hvar 98, 101, 111, 112

Ičići 13, 27
Ist 52, 58
Istrien 10 ff.
Iž 53, 66
Iž Veli 52, 66
Izola 10, 12

Jelsa 101, 112
Jezera 54

Kali 65
Kanal von Osor 13, 38
Katina 86
Koločep 118
Komiža 105, 114
Koper 10, 12
Korčula 118, 119, 120, 123, 124
Korčulanski-Kanal 118

Kornat 82, 85, 86, 89
Kornaten 52, 82 ff.
Košljun 28
Kovačine, Leuchtfeuer 43
Krapanj 76
Krk 13, 28, 30, 32
Krka 54, 72, 74
Krka-Wasserfälle 54, 74
Kukljica 64
Kvarner 10 ff.
Kvarner-Bucht 10, 13
Kvarner-Golf 11, 27

Lastovo 119, 124, 129
Lavdara 82
Lavsa 91
Limski-Kanal 18
Lopar 35
Lopud 118
Lošinj 13, 38, 49
Lučica 91
Luka Brna 123
Luka Peleš 56
Lukoran 61
Lupešćina 89

Makarska 103
Makarska-Riviera 98, 99, 103
Mali Lošinj 13, 45
Malinska 32
Mali Ston 120, 131
Malog Stona (Kanal) 131
Malo Jezero 120
Marina Admiral 26
Marina Agana 100
Marina Betina 71
Marina Borik 52, 55
Marina Frapa 56, 79
Marina Hramina 71
Marina Jezera 69
Marina Klimno 28
Marina Kornati 53, 56
Marina Kremik 56, 79
Marina Lumbarda 119, 120
Marina Miho Pracat 123, 138
Marina Opatija 27
Marina Palmižana 101
Marina Parentium 18
Marina Piškera 93
Marina Punat 28
Marina Šimuni 52, 58
Marina Skradin 74
Marina Sukošan 55

Marina Veruda 13, 24
Marina Zadar 53
Marina Zirona 100
Martinšćica 45
Maun 52
Medulin-Bucht 13, 24
Mikavica 93
Milna 99, 105, 106
Mitteldalmatien 98 ff.
Mljet 118, 120, 130
Molat 52
Mošćenička Draga 26
Murter 54, 69, 71, 82, 84

Neretvanski-Kanal 118
Nerezine 49
Norddalmatien 52 ff.
Novigrad 11, 14, 17

Olib 52
Omišalj 32
Opatija 11, 13
Osor 38

Pag 52, 58
Pakleni-Kanal 111
Pakleni Otoci 111
Palmižana 111
Parentium 13
Pašman 53, 64, 82
Pelješac 118
Pelješac-Kanal 124
Piran 10, 11
Piškera 82, 84
Plava Laguna 18
Ploče 98
Pokonji Dol 111
Poljana 61
Pomena 120, 130
Pomer 11, 13, 24
Poreč 13, 17
Portorož 10, 12
Portorus 129
Preko 53, 61, 65
Premuda 52
Primošten 54, 56, 76, 79
Privlaka-Passage 45
Prižba 120
Proversa Mala 86
Proversa Vela 86
Pula 11, 13, 24, 25
Punat 13
Puntarska Draga 28

Rab 11, 13, 34, 35, 36
Račišće 124
Ravni Žakan 85, 91
Rijeka 13
Rijeka Dubrovačka 123, 138
Rogoznica 54, 56, 79
Romantic Marina Ugljan 62
Rovenska 49
Rovinj 11, 18, 20, 22, 23

Sali 54, 84, 94
San Marino 35
Šibenik 52, 54, 72
Šibenski-Kanal 54, 72, 76
Silba 52
Šipan 118, 133
Šipanska-Luka 120, 133
Škarda 52
Škradin 54
Škrivena Luka 129
Solaris (Zablaće) 76
Soline 79
Split 98, 100
Splitski-Kanal 99
Stari Grad 100, 112
Ston 120, 131, 133
Stonski-Kanal 131, 133
Süddalmatien 118 ff.
Suhi rt 86
Sukošan 52
Supetar 108
Supetarska Draga 11, 34
Sustipan 98
Sutivan 108
Sutomišćica 62
Sv. Andrija 23
Sv. Klement 111

Telašćica 82, 83, 85
Tribunj 54, 72
Tripuljak 85
Trogir 98, 99
Tučepi 103

Ugljan 53, 61, 62, 64, 65
Umag 10, 14
Uvala Masličica 66

Valun 47
Vela Luka 119, 120
Veliko Jezero 120, 130
Veli Lošinj 49
Veruda 13
Vir 52
Vis 98, 105, 114
Viška-Bucht 114
Vitrenjak 55
Vitrenjak-Bucht 52
Vodice 54, 72
Vrbnik 32
Vrboska 101, 112
Vrgada 82
Vrsar 18
Vrulje 86

Zablaće (Solaris) 76
Zadar 52, 53, 55
Zadarski-Kanal 53, 61
Zaklopatica 129
Zaton 121, 133
Zavalatica 124
Žirje 82, 93
Zlatna Luka 52, 55
Zlatni rat 106
Žut 84, 93

Yachthäfen in Slowenien und Kroatien

		Telefon	Fax
Marina Portoroč	Cesta solinarjev 8, 6320 Portorož	+066 471 100	+066 471 510
Marina Koper	Kopališko nabrežje 5, 6000 Koper	+066 272 120	+066 272 370
Marina Izola	Tomažičeva 10, Izola	+066 65 169	+066 62 331
ACI Marina Umag	Vladimira Gortana b. b., 52470 Umag	+052 741 066	+052 741 166
Marina Novigrad	Madrač 18, 52466 Novigrad	+052 757 077	+052 757 314
Marina Červar-Porat	Riva amfora 8, 52449 Červar-Porat	+052 436 661	+052 436 320
Marina Poreč	52440 Poreč	+052 451 913	+052 453 213
Marina Parentium	52440 Poreč	+052 452 217	+052 452 212
ACI Marina Rovinj	52210 Rovinj	+052 813 133	+052 813 133
ACI Marina Pula	Obala Maršala Tita b. b., 52100 Pula	+052 219 142	+052 211 850
Marina Veruda/Tehnomont	Pješčana uvala b. b., 52100 Pula	+052 211 033	+052 211 194
ACI Marina Pomer	POBox 146, 52100 Pula	+052 573 162	+052 573 266
ACI Marina Opatija	POBox 60, 51414 Ičići	+051 271 740	+051 271 374
Marina Admiral	Hotel Admiral, 51410 Opatija	+051 271 533	+051 271 708
ACI Marina Cres	Jadranska obala, 51557 Cres	+051 571 622	+051 571 125
Marina Klimno	Marina Punat, 51521 Punat	+051 654 111	+051 654 110
Marina Punat	Puntica 7, 51521 Punat	+051 654 111	+051 654 110
ACI Marina Supetarska draga	51280 Rab	+051 776 268	+051 776 222
ACI Marina Rab	Banjol 52a, 51280 Rab	+051 724 023	+051 724 229
Marina Mali Lošinj	Privlaka b. b., 51550 Mali Lošinj	+051 231 626	+051 231 461
ACI Marina Šimuni	23291 Kolan	+053 698 020	+053 698 025
Marina Borik	Kneza Domagoja 1, 23000 Zadar	+023 333 036	+023 331 018
Marina Zadar	Ivana Meštrovića 2, 23000 Zadar	+023 430 430	+023 312 500
Marina Zlatna Luka	23206 Sukošan	+023 393 731	+023 393 588
Marina Veli Iž	23284 Veli Iž	+023 88 306	+023 88 486
Marina Kornati (Marina Biograd)	Šetalište kneza Branimira 1, 23210 Biograd N/M	+023 383 800	+023 384 500
ACI Marina Žut	Otočje Kornati, 22242 Jezera	+099 470 028	+099 470 028
ACI Marina Piškera	Otočje Kornati, 22242 Jezera	+099 470 009	+099 470 009
Marina Hramina/Murter	Put Gradine b. b., 22243 Murter	+022 434 411	+022 435 242
Marina Betina/Murter	Nikole Škevina, 22244 Betina	+022 434 497	+022 434 497
ACI Marina Jezera	22242 Jezera	+022 439 315	+022 439 294
ACI Marina Vodice	22211 Vodice	+022 443 086	+022 442 470
ACI Marina Skradin	22222 Skradin	+022 771 165	+022 771 163
Marina Kremik	Splitska 22, 22202 Primošten	+022 570 068	+022 570 068
Marina Frapa	Uvala Soline, 22203 Rogoznica	+022 559 900	+022 559 932
Marina Zirona/Drvenik Veli	Zastopstvo: Smiljanica 9, 21000 Split	+021 362 422	+021 362 422
Marina Agana	21222 Marina	+021 889 320	+021 889 010
ACI Marina Trogir	21220 Trogir	+021 881 554	+021 881 258
ACI Marina Split	Uvala Baluni, 21000 Split	+021 355 886	+021 361 310
ACI Marina Milna	21405 Milna/Brač	+021 636 306	+021 636 272
ACI Marina Vrboska	21463 Vrboska	+021 774 018	+021 774 144
ACI Marina Korčula	20260 Korčula	+020 711 661	+020 711 748
Marina Lumbarda	Mala Glavica, 20263 Lumbarda	+020 712 150	+020 712 155
ACI Marina Miho Pracat (Dubrovnik)	20236 Mokošica Dubrovnik	+020 455 020	+020 455 022

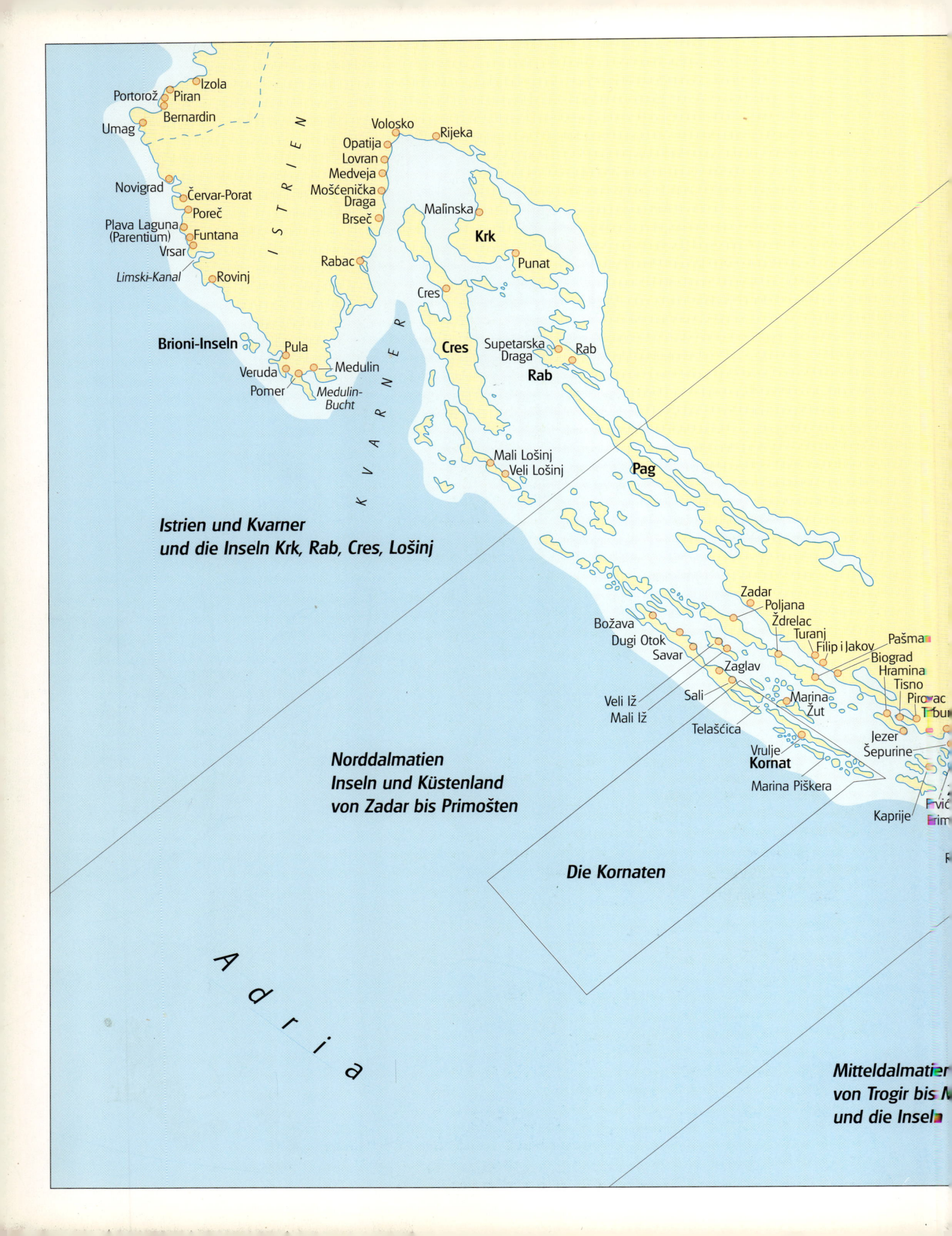

Istrien und Kvarner und die Inseln Krk, Rab, Cres, Lošinj

Norddalmatien
Inseln und Küstenland
von Zadar bis Primošten

Die Kornaten

Mitteldalmatien
von Trogir bis M...
und die Inseln...

Places shown on map:

Istrien: Izola, Portorož, Piran, Bernardin, Umag, Novigrad, Červar-Porat, Poreč, Plava Laguna (Parentium), Funtana, Vrsar, Limski-Kanal, Rovinj, Volosko, Opatija, Lovran, Medveja, Mošćenička Draga, Brseč, Malinska, Rabac, Pula, Brioni-Inseln, Veruda, Pomer, Medulin, Medulin-Bucht

Kvarner / Inseln: Krk, Punat, Cres, Supetarska Draga, Rab, Mali Lošinj, Veli Lošinj, Pag, Rijeka

Norddalmatien: Zadar, Božava, Dugi Otok, Savar, Poljana, Ždrelac, Turanj, Filip i Jakov, Biograd, Hramina, Tisno, Pašma(n), Pirovac, Zaglav, Veli Iž, Mali Iž, Sali, Marina Žut, Jezer, Šepurine, Telašćica, Vrulje, Kornat, Marina Piškera, Kaprije

Adria